昌明文庫·悅讀人物

細說唐朝風雲人物

曹金洪　編著

目次

馳騁疆場──戰馬上的雄鷹

名垂唐史──賢相輔國留英名

文耀千秋──才子墨客遍中華

千古罵名──惹人恨的奸佞酷吏

名師大家──矢志不渝成典範

前言

　　唐朝是一個大氣磅礡的朝代，三百年的時間裡為人們呈現出了一幅文明與野蠻、權力與戰爭、陰謀與愛情、浪漫與殘酷的巨幅畫卷。其中，有帝王的賢明統治、文臣的安邦謀略、武將的戰功赫赫、活躍於政壇上的傳奇女子以及熠熠生輝才華橫溢的才子們，他們的出場給唐朝注入了神奇的力量。在政壇上與之對立的，還有惹世人唾罵的奸佞酷吏。

　　另外，在唐朝人物風雲榜上，還有頗具才華的文人與名師大家。唐朝文人所創造出來的藝術作品是中國文化藝術寶庫裡不可多得的珍品，流芳百世的詩文化就是從這個時候發展並走向成熟的。其中，著名詩人李白、杜甫、白居易、韓愈、陳子昂等，他們譜寫的優秀詩篇流傳於古今中外。唐朝呈現出來的另一大亮點是宗教文化，佛教在這個時期完成了一次完美的蛻變。佛教自東漢末年傳入中國以後，在唐朝達到了空前的鼎盛。除此之外，天文學家僧一行、藥王孫思邈以及畫聖吳道子均出現於這個時期。這些風雲人物的出場，使唐朝的文化更加五彩斑斕，也為歷史的畫卷抹上了亮麗的色彩。

　　我們編寫的《細說唐朝風雲人物》，精選了唐朝的風雲人物，用簡潔生動的文字，神采飛揚的敘事手法，通過對他們事蹟的介紹，刻畫出各個人物的不同性格，完美地呈現出了唐朝的輝煌與落寞，再現了大唐帝國的傳奇。全書共分為七章。以人為線，以史為綱，帶領讀者在歷史的畫卷中重溫當時的政治與人文情懷，夢回唐朝。

作者 2012年5月

站在權勢之巔——悉數唐朝帝王

開創唐王朝的李淵

　　李淵老家在今天的甘肅秦安，他的爺爺名叫李虎，曾經擔任後魏的左僕射，在位時獲封號隴西郡公，官位最高達到太尉，是當時著名的八柱國之一，地位非常尊貴，在他死後又被追封為唐國公。李淵的父親名叫李昞，沿襲他的父親封號唐公，北周時任柱國大將軍、安州（今湖北安陸縣）總管。西元五六六年，李淵在長安出生，七歲時就沿襲祖上的唐國公封號。

　　李淵年輕的時候，風流倜儻，性情豁達，天性率真，待人寬厚，有容人之量，所以在當地有很高的威望。他的妻子竇氏，是當時隋朝貴族竇毅的女兒，李淵的姨母是隋文帝的獨孤皇后，因此，李淵在朝廷上備受器重。曾經擔任隴州（今陝西隴縣）、譙州（今安徽亳縣）、岐州（今陝西鳳翔縣）刺史。李氏家族在陝西一帶的地位非常顯貴。

　　西元六一七年，李淵被任命為太原留守。太原是一個軍事重鎮，而且部隊實力強，糧草充足，李淵十分高興，想利用太原的有利形勢發展自己的勢力。

　　李淵剛到太原的時候，有一支名叫「歷山飛」的農民起義軍集結在太原的南面，把西河、上黨、京都的道路堵了。這支起義軍曾幾次進犯隋朝，李淵為了樹立自己在太原的威信，決定鎮壓「歷山飛」。在兩軍對陣敵眾我寡時，李淵採用智取的方法把起義軍打敗。

　　李淵打敗了起義軍，很好地鞏固了他在太原的地位。並且太原一帶的官僚、地主、商人也紛紛投靠他。李淵還命令李世民在太原廣結英雄好漢，發展自己的勢力，為李家後來的起義奠定了堅實的基礎。

他的長子李建成也是暗結勢力，當時隋煬帝只顧享樂，李淵成了隋朝實際上的最高統治著。隋煬帝不管百姓死活，只顧自己享樂的殘暴統治，使得階級矛盾越來越尖銳。眾多的農民紛紛起義，隋朝的統治搖搖欲墜。西元六一一年，各地起義軍愈演愈烈，有的隋軍割據一方，隋朝名存實亡。李淵看著天下局勢動盪不安，逐漸產生了取而代之的想法。西元六一七年二月，馬邑人劉武周起兵，殺了太守自稱天子。李淵打著討伐劉武周的名義到處招兵買馬，沒過多久，李淵的部隊就有了近萬人。李淵的行為引起了忠於隋煬帝的副留守王威和高君雅的懷疑，於是，李淵除掉了二人，並宣佈自己大舉義兵，李淵因與突厥和親而得到了突厥的支持。在西元六一七年六月正式起義。李淵起義後就過上了不斷征戰的生活，經過重重磨難，最終攻入了長安，但李淵並沒有稱帝，為了不被認為是叛軍而選擇立隋代王楊侑為皇帝，楊侑即隋恭帝，改元義寧，遙尊煬帝為太上皇。但實權卻在李淵的手中。

在西元六一八年五月，隋煬帝被他的右屯衛將軍宇文化及和司馬德勘殺死。隋煬帝死後，李淵逼隋恭帝禪位，自立為王，並冊封了他的兒子們，李氏王朝正式成立。李淵即位後剷除了劉武周、李密和王世充等一系列反叛軍隊，使李家王朝的關中勢力得以穩固。為李王朝祛除威脅之後，李淵開始勵精圖治，在政治上實施了一系列措施，保證了人民生活富足。

在李淵剛建唐朝時，各項制度都沿襲了隋朝。直到西元六二四年才確立了嚴密的政治制度。

首先，在中央實行了三省六部制。三省六部各司其職，互不干擾。三省分別為中書省、門下省、尚書省。中書省的負責人是中書令，整個部門負責起草國家政令；門下省負責人是侍中，負責審核中央政令；尚書省負責人是尚書令，負責執行國家政令。六部分為吏、

戶、禮、兵、刑、工。各部長官都稱尚書，屬於尚書省。

其次，實行了租庸調製和均田制，使農民休養生息，生活富足。

第三，實行府兵制。府兵制是由西魏宇文泰時期沿襲下來的，是一種兵農合一的制度，兵士閒時在家由兵府加以訓練，戰時隨軍出征。既不耽誤生產，也保證了軍隊的需要。這種「寓兵於農」的制度使練兵權和統兵權分離，防止了將帥擁兵自重，而且節省了經費開支，並為加強國家集權起到了很大作用。

第四，實行科舉制。科舉制使唐朝的人才選拔制度更加公正公平，不再憑藉門第入官，而是根據真才實學。雖然唐朝大將薛仁貴出身低微，但他為唐朝立下了汗馬功勞，因此，得了朝廷的重用。

第五，制訂《武德律》。從其內容上看，相較於隋朝刑罰減輕了，但是對人民的反抗制裁更加嚴酷。

在唐王朝前期，李淵一直是個好皇帝的典範，但他畢竟是個封建帝王，同樣也過著奢靡的宮廷生活。在他統治後期由於寵信奸臣，錯殺大將劉文靜，賞罰不公，使統治階級內部矛盾和鬥爭加深。在統一全國後，李淵產生了驕傲自滿心理，對朝事越來越不關心，致使太子李建成和秦王李世民為爭皇位明爭暗鬥，導致了「玄武門之變」的發生。「玄武門之變」後，李淵被迫立李世民為皇帝，自己提前退位，成為太上皇，李淵深知大權已在李世民手中，也就不再干預朝政，自得其樂地過上了太上皇的生活，他的這種做法對穩定朝綱有很大的作用，也為李世民的統治減少了很多阻礙。

李淵於貞觀九年（西元635年）五月，重病去世。

一代明主李世民

　　隋文帝開皇十八年十二月二十二日，武功（今陝西武功）的一座李氏「別館」內，在一陣呱呱墜地的哭聲中，迎來了一個不平凡小生命，即日後名揚天下的李世民。作為世代顯赫的將門之後，李世民在家庭尚武習俗的薰陶下，自幼便養成了「善於騎馬，好弄弓矢」的習慣。

　　李世民除練就了一身非凡的技藝外，他還喜愛流覽兵書，誦讀戰策，少時便將《孫子兵法》熟記於心，並且能夠運用「孫子之言」與李淵講論用兵佈陣的策略，因此，深得老父親的喜愛。

　　隨著他一天天地長大，隋王朝也一步步地走向了衰亡。早有滅隋之心的李淵看到時機已經成熟，也開始悄悄地密謀策劃，準備起兵反隋。而此時年輕有為、善於謀略的李世民，成為了父親李淵最得力的助手。他參與了起兵的全部密謀與決策活動，幫助父親做了大量的組織與發動工作。他一方面積極地協助父親招募軍隊、集結力量，另一方面遵照父親的意願，巧妙地利用各種關係和手段，為自己結交了大批英雄豪傑。大業十三年五月，當各個方面的準備工作完成之後，李世民協助父親李淵除掉了當時隋煬帝派來監視他們的親信，並且，在晉陽正式宣佈起兵，拉開了推翻隋朝統治的序幕。

　　就在大業十四年，李淵終於推翻了隋朝的統治，如願以償地建立了大唐王朝。唐王朝建立之後，李氏父子的首要任務就是，打敗群雄，徹底統一全國。但是，這個時候，李淵已經稱帝，自然不宜親自掛帥出征，而皇太子李建成也需要留在在京城協助父皇處理各項政務。能夠扛起這個統一重任的，似乎只有秦王李世民一人。而李世民

也沒有退縮，毅然地接下了這副重擔。

李世民分析要完成統一大任，就必須消滅薛舉、劉武周、王世充、竇建德等軍閥勢力和農民軍勢力。但是，當時這些人的勢力依然十分龐大，想要徹底消滅絕非一件容易的事情。於是，李世民開始招兵買馬，廣納賢臣，與「叛軍」鬥智鬥勇，歷經四年多的努力，終於平定了所有的叛亂，統一了大唐王朝。

李世民由於統一全國，功勳卓越，在軍隊與百姓中建立了極高的威望，並且，他的權利也逐漸地擴大，其政治地位和軍事地位也都跟著迅速上升。不僅大量的軍隊被他掌控在手中，而且，宰相之職也被他收入囊中。於是，他在唐王朝的上層統治集團，尤其是李氏兄弟中，佔據著一個特殊的地位。此外，李世民還在晉陽起兵與統一全國的戰爭中，利用自己特殊的地位和條件，將大批的謀臣良將收於麾下，逐漸形成了一個以他為核心的政治集團。而擁有了這個文武兼備的政治集團之後，李世民慢慢地產生了覬覦帝位的野心，特別是在統一戰爭結束之後，他爭奪皇位繼承權，榮登皇帝寶座的圖謀變得更加強烈與迫切起來。

最後，李世民終于禁不住欲望的誘惑，在武將尉遲敬德、侯君集與謀臣長孫無忌、杜如晦及房玄齡等人的協助下，於武德九年六月初四日，在宮城北門玄武門設下了眾多伏兵，趁太子李建成與齊王李元吉入朝，沒有任何防備的情況下，發動了殘酷的政變，殺害了自己的親兄弟李建成與李元吉，奪得了皇位繼承權。兩個月以後，皇帝李淵被迫退位。武德九年八月，李世民繼承王位，成為了唐朝的第二代皇帝，史稱唐太宗，時年二十九歲。第二年正月，改年號為貞觀。從此，李世民開始了他作為君王的政治生涯。

李世民即位之後，首先面臨的重要問題就是朝中穩定局勢，盡快地建立以自己為核心的最高領導集團。為此，他採納了尉遲敬德提出

的「殺人太多，不利於天下安定」的建議，對朝中所有大臣，採取了寬大安撫的政策，即使是東宮的屬僚，只要有真才實學，他都委以重任，如此一來，統治集團內部的矛盾得到了很好的緩和。

當朝內局勢基本穩定之後，李世民又開始對老父親在位時的宰相班子進行整頓，並逐步建立起了以自己為核心的最高決策集團。在這個集團當中彙集了當時最傑出的人才，比如，溫彥博、王珪、魏徵、戴冑、侯君集等，在政治上顯現了明顯的朝氣與進取精神，為李世民進一步勵精圖治，施展雄才偉略奠定了堅實的基礎。

因此，在李世民與眾大臣的努力下，沒過多久，整個中國就迎來了那「前無古人，後無來者」的「貞觀之治」。在這段時期內，李世民以身作則，執法如山，堅決打擊貪污受賄、作奸犯科的行為。他的行為對中央及地方政府，都起了積極的影響與作用，促使社會逐漸地形成了奉公守法、勤儉為公的良好風氣。社會環境安寧穩定，朝廷官吏清正廉明，就連王公貴族也不敢違法亂紀，欺壓百姓。

李世民在致力於政治與法度的建設中，也沒有忘記社會經濟的恢復與發展。當時，由於戰爭連年不斷，再加上自然災害的影響，整個社會的經濟蕭條、百姓生活困苦。面對這樣的困境，李世民一方面大力宣導戒奢崇簡，開源節流，另一方面積極減免賦稅，推行與民「休養生息」的政策，使得百姓得以逐步恢復生產，重建破碎的家園。

大多數的聖君賢主似乎都有一個通病，那就是在繼位前期勤廉為政、愛民如子，社會太平，百姓安居樂業，而到了後期就開始驕傲自滿、窮奢極欲起來。唐太宗李世民也沒有逃脫這個「怪圈」。在「貞觀盛世」的成功面前，他自認為在文治、武功及懷遠三個方面都超越了古人，於是，驕傲自滿的情緒開始滋長，思想與行為也逐漸發生變化。原本引起為戒的「隋亡教訓」也被他拋在了腦後，封建帝王的貪欲與專制本能，在他身上體現得越來越明顯。

在貞觀中後期，在宮廷生活上，李世民追求奢華，大興土木，宮殿營造得越來越多，老百姓的徭役負擔也不斷加重，被迫服役的百姓數不勝數。在任用賢臣方面，他也不像貞觀初期那樣，唯才是舉，以德行學識為先了。各個勳親子弟開始充塞於朝廷。在兼聽納諫方面也大不如從前，逐漸地厭惡直言，不悅人諫。有的時候，即使勉強聽從諫言，其內心也是不願意接受的。

在貞觀中後期，唐太宗李世民與大臣之間的關係也發生了很大的變化。他不再像從前那樣信任大臣，重用賢臣，而開始疑忌大臣，並且，這種猜疑心理越來越嚴重，尤其是在貞觀後期，對大臣動不動就問罪懲罰，輕則貶黜，重則殺戮，甚至連尉遲敬德、房玄齡這樣輔佐他登基的功臣們，也沒有幸免。

在貞觀後期，唐太宗李世民還做了兩件非常愚蠢的事情：兩次討伐高麗與過問起居注。由於他沒有認清形勢，連續兩次發動討伐高麗的戰爭，結果不但全部以失敗而告終，還激化了國內的階級矛盾。在中國古代的歷史上，史官在朝廷中一直佔據著特殊的地位，肩負著神聖的責任：秉公直筆，如實記載，不虛美，不隱惡，即使是皇帝也沒有權利干涉。所以，歷朝歷代的帝王們是不會查看史官記載的起居注的，以便保證史官們能夠無所顧忌地執行自己的責任。這是先人們留下來的良好傳統與習慣。但是，李世民卻打破了這個傳統，開了惡劣的先例，致使此後的唐代帝王紛紛效法，嚴重地影響了史官們的工作。

雖然唐太宗李世民在前期曾經建立過卓越的功勳，值得我們肯定與讚賞。但是，在貞觀後期，由於他頻繁發動戰爭，導致徭役和兵役的徵發空前嚴重，社會矛盾日益激化，百姓又重新淪入水深火熱中，這也是應該受到責備與批評的不爭事實。並且，晚年的李世民，由於疾病纏身，久治不愈，竟然產生了乞求長生不老的迷信思想，迷戀上

了方士煉製的金石丹藥。終於，在貞觀二十三年五月，他自食惡果，因為服用過多的金石丹藥而中毒暴亡。就這樣，一代英主命喪於「長生不老藥」之下，享年五十二歲。

空古絕今的女皇武則天

　　西元六二四年一月二十三日，在長安城有一名女嬰呱呱墜地，她就是第一女皇武則天。他的父親名叫武士彠，在貞觀年間曾做過荊州都督、工部尚書（正三品），被冊封為應國公。武則天的母親楊氏出身名門，是隋朝宗室宰相楊達的女兒。武則天的家庭出身雖然不是特別顯貴，但也絕對與沒落沾不上邊。這種出身對她日後的發展與一生的政治性格產生了深遠的影響。

　　武則天的母親是她父親的第二房夫人，在她年少時，是跟著父親在今天的四川廣元度過的。在西元六三五年，她的父親去世，從此武則天和她的母親及姐妹過上了受兄長排斥欺負的日子。在她的父親去世一年後，武則天因美貌被召入宮。當時她年僅十四歲，入宮後唐太宗為她賜號武媚，她也的確嫵媚動人，但是由於性格陰狠剛烈，並不是很受寵。入宮十二年沒有生育，也沒有晉升，白白浪費了她最美好的年華。但是，這也是武則天登上政治舞臺的很重要一步，而且在此期間，武則天與李治產生了感情。然而，事不逢時，西元六四九年，唐太宗去世，武則天被迫削髮為尼，進入感業寺。難道武則天就這樣在感業寺度過餘生嗎？怎麼可能？說來也巧，在太宗週年忌日時，她又遇上了來上香的李治。兩人舊情復燃，李治不顧規矩，把已經二十八歲的武則天接入宮中，從此，武則天轉運了，李治可以說是武則天取代李氏江山的最大幫手。

　　武則天此次入宮是借助當時爭寵的王皇后和蕭淑妃的爭鬥，王皇后為排斥蕭淑妃而力主武則天進宮，她卻沒料到自己親手把敵人安排到了自己身邊，武則天進宮不僅奪了蕭淑妃的寵愛，甚至把王皇后也

排擠出去了。唐高宗共有十二個兒女，後面六個全是武則天所生。武則天進宮後開始了她處心積慮的計劃，設計把皇后的位置搶到了手裡。並且借高宗的寵愛越來越驕縱跋扈。她成為皇后之後開始折磨以前的對手，把王皇后和蕭淑妃剁去雙腳泡在酒甕中折磨至死。要不怎麼說「最毒婦人心」呢？這時的武則天開始了她的報復行動。武則天的出身使她明白權力是個很誘人的東西，要想不任人宰割，就得成為最高統治者。於是，干涉朝政，涉足皇權，成為她以後的目標，並籠絡大臣，排除異己，長孫無忌就是她第一個要排除的人，高宗曾因不滿她的作風和大臣上官儀密謀廢后，武則天知道後除掉了上官儀，從此朝中再無人敢與她作對。

武則天為了以後把持朝政，制定一系列制度，並為自己選拔了專用的人才，狄仁傑就是她當政時得力的助手。她為了登上王位不惜對自己的親生兒子下手，先後殺死李泓和李賢。又廢除了李顯。

她立李旦為帝，但是不准他參與任何政事的處理，自己親自臨朝專政，把持一切。由此李家王朝拉開了「改名換姓」的帷幕。

她把東都洛陽改名為神都，以便作為她未來的京師。她追封武氏祖先，改百官的名稱，當然她的行為引起了很多不滿，各種反對武則天的義旗高舉，但都被她鎮壓。武則天為了給自己成為女皇奠定基礎，冊封自己為「聖母神皇」。

終於，在西元六九〇年的重陽節，六十七歲高齡的武則天實現了她的女皇夢，自稱為「聖神皇帝」，以十一月作為每一年的開始，改旗幟為尚赤，改元天授，建立了紅極一時的大周王朝。武則天登基之後，為了穩固自己的地位開始實行嚴酷刑罰，排除異己，利慾薰心的她不聽任何勸阻，只要敢有對她不滿的人都被立即除去。不過，武則天在統治的初期，也確實做了一些利國利民的大事，但在後期便開始了奢靡的宮廷生活，養男妓，以供自己取樂。並且這些男妓利用她的

寵愛做出了很多壞事。如果不是有狄仁傑、徐有功、杜景儉、李日知等賢臣幫助她，武則天將受到更多的唾罵。

武則天日漸年老，本想把江山傳給武家的後人，無奈眾位大臣極力反對，而且武家終歸不是名正言順，所以，最後她還是把江山交還給了李家。

西元六九八年初，武則天派人秘密地把盧陵王李顯接回洛陽，李旦非常知趣地請求退位，李顯被復立為太子。在武則天晚期非常寵愛張宗昌和張易之，二人利用權勢為非作歹，引起了眾大臣的不滿。西元七〇五年正月，經過大臣們一段時間的周密策劃後，由宰相張柬之等人領導發動了反對二張的軍事政變，二人死後。病床上的武則天被迫退位，唐中宗復位，李唐政權再度恢復。

在正月二十五日，武則天被迫離開了象徵她女皇地位的皇宮，搬到了洛陽城西南的上陽宮。中宗為了撫慰武則天稱她為「則天大聖皇帝」。武則天無法忍受失去至高權力的悲痛，心情非常差，精神萎靡不振，已是風燭殘年的身體徹底垮了。西元七〇五年十一月二日，八十二歲的武則天淒慘地死在上陽宮的仙居殿。臨終留下遺囑：要廢除自己的帝號，稱則天大聖皇后；和高宗合葬在一起；下令赦免了王皇后、蕭淑妃家族以及褚遂良、韓瑗、柳奭的親屬。被她的酷吏來俊臣陷害的人在她臨退位時已下令進行了赦免。

武則天的諡號一再變化，唐睿宗即位後，改稱她為「天后」，西元七一〇年再次改為「大聖天后」，延和元年即西元七一二年又追尊為「天後聖帝」，不久之後又改為「聖后」，唐玄宗即位後，開元四年即西元七一六年，又改諡號為「則天皇后」，天寶八年即西元七四九年，最後定諡號為「則天順聖皇后」。這些諡號的變化表明了，武則天一直受到李姓子孫的尊崇。

武則天死後神龍二年即西元七〇六年一月，武則天的靈柩在唐中

宗李顯護送下運回了長安，並與唐高宗合葬在乾陵，臨終叮囑兒子李
顯為她樹碑但不要立傳，她的功過自有後人評論。

懦弱無能的唐中宗李顯

永隆元年即西元六八○年八月，哥哥李泓被殺之後，李賢被廢為庶人。按長幼的次序，當時被封為英王的李哲（顯）被立為皇太子。這個時候，唐高宗的身體越來越差。在次年七月，唐高宗為防止江山被竊奪，特意任命裴炎為侍中，負責宰相的職務，輔佐太子李顯監國。

李顯的一生可謂是十分悲慘，空有皇帝的稱謂卻因其親生母親擅權而從未行使過皇帝的權力，他和唐高宗一樣受盡武則天的擺佈，只因一句話被廢除為廬陵王，慢慢的李顯明白了母親的心狠手辣，惶惶不可終日，幸虧有妻子韋氏的勸解，在房州度過了十八年的幽禁生活。在西元六九八年三月，廬陵王李顯被武則天秘密接回東都洛陽。同年九月，武則天為了穩固政治的需要，重新立李顯為太子。

雖然李顯復位，但是，李武兩家對皇位的爭奪並未消停，並且武則天的男寵謀朝篡位的可能性極大，於是，在宰相張柬之的帶領下，將武則天的男寵張易之與張宗昌殺死，武則天也被迫退位。

西元七○五年二月二十三日，唐中宗第二次登基。從此，開始了萎靡不振的統治。

唐中宗雖然說是一個昏昧懦弱的君主，但是由於有張柬之等一批賢臣的輔佐，新朝廷也很快走上了軌道。然而武則天統治時期的餘波未平，使得唐王室復興的前途仍很迷茫。由於武則天的統治把女性對權力的渴望激發了出來，使後世的女人開始追逐權力。高宗和武則天的例子，在唐中宗這裡又如法炮製了，由於中宗的懦弱，皇后韋氏本來也是個爭強好勝的女人，於是外戚干政的時代又到來了。

　　李顯登基後，皇后韋氏開始千方百計為自己娘家創造便利。由於被幽禁的生活無比難過，韋后一旦翻身就開始為自己爭取最大的利益，追求奢靡浮華的生活，隨心所欲，架空中宗，干預朝政。先是追封她的父親韋玄貞為上洛王，後來又改為邦王，並為父親建廟稱為「褒德陵」，對這種越軌的行為，朝臣們敢怒而不敢言。隨後，韋后又讓中宗，封她的堂兄韋溫任魯國公禮部尚書，韋溫的弟弟韋胥任曹國公左羽林將軍，又令成安公主嫁給韋胥的兒子韋捷。韋氏一族的勢力開始逐漸膨脹起來。

　　然而，韋后並不滿足與此。為了追求身體的欲望，她與武三思勾搭成奸。甚至想效仿武則天成為第二個女皇帝，可是她沒有武則天的才智，有的只是昏暴。武三思因為與韋后的奸情，轉而成為了操縱中宗的「真天子」。以武三思為首的武氏一族再度露出頭角，令朝廷上下人心惶惶。張柬之等朝中大臣很清楚，這時中宗的詔命，實際上都是由武三思在背後操縱。為了維護李氏江山，他們秘密入宮晉見中宗，請求誅殺武三思及一系列威脅江山的人。然而，每次晉見，中宗都不發表任何意見。

　　因為中宗的婦人之仁，致使張柬之等忠臣遭受了武三思的毒手，朝廷政事完全由武三思掌控，朝中再也沒有人敢反對武三思，從此開始了武三思無法無天的時代。武三思能得到中宗和韋后的信任得益於上官婉兒，上官婉兒因為有才情被中宗留在了宮中繼續擔任秘書的職務，但迫於韋后的壓力，中宗對這位美人不敢有任何冒犯，武三思與上官婉兒一直有奸情，後來上官婉兒提出建立自己的府邸，上朝期間到宮中，下朝之後回自己的府邸。原來在遙遠的唐朝就已經有了朝九晚五的這種上班模式。

　　中宗對武三思的信賴一點不少於對韋后的信賴。宮中常有這種情況發生：韋后和中宗並排聽政回宮後，韋后便和武三思在皇帝的龍床

上下棋嬉笑玩耍，而中宗只是在一旁觀戰，沒有一點皇帝的尊嚴。由於武則天的影響，中宗的兒女們也是女強男弱的形勢，他的安樂公主甚至要開「皇太女」的先例。安樂公主和長寧公主大肆修建住宅，生活無比奢靡淫亂，甚至買賣官位，收取賄賂。

由於中宗朝的奢靡之風，使輝煌的唐帝國元氣大傷，一直虎視眈眈的突厥和吐蕃開始侵擾大唐。中宗為了保全國家採取了和親的方法。唐朝國勢日危，中宗卻還不覺醒，仍然與韋后沉迷於享樂奢靡中。一度萎靡的太子李重俊幡然醒悟，為了唐朝的江山他開始採取行動，殺死了武三思保住了太子之位。但是卻被上官婉兒設計害死，太子之位落入中宗小兒子重茂的手中。安樂公主想當皇太女，韋后為了扶持自己的男寵竟然下毒害死了中宗。

中宗死後，十六歲的小兒子溫王重茂登基，是為少帝，年號為唐隆。韋后以太后身份垂簾聽政。其實，實權還掌握在韋后手中，少帝只不過是一個傀儡而已。韋后想稱帝，可是，相王李旦和太平公主以及李旦之子李隆基是她的大障礙，於是，她便想把威脅都清除掉。

在此危急關頭，李隆基發動了早已串通好的「萬騎」兵，突襲後宮，殺死了做皇帝夢的韋太后、安樂公主、武延秀等人。經過這次政變，韋氏集團全部被消滅，武氏集團只剩下少數幾個人，也成不了大氣候。最後，太平公主出面支持大局，扶持高宗第四子李旦再登皇位，尊稱為睿宗。

風流天子李隆基

　　唐玄宗李隆基登基後，鑒於中宗時期世風奢侈糜爛，於是，下令將已製成了的車駕服飾、金銀器物，換成錢財，以供國家和軍隊用。其中製好的珠玉錦繡衣飾，在殿前當眾焚燒掉，比皇后和妃子身份低的人，都不可以服用，並下令規定文武百官所穿的服飾和所用的酒器馬具應遵循以下原則：百官中官銜在三品以上的可以用玉裝飾，四品的官員用金裝飾，五品官員用銀裝飾，其它官員均不得有奢靡之風，婦人的裝飾跟隨她丈夫和兒子。從今以後，天下臣民都不能再採購珠玉錦繡等奢侈物品，並取締東、西兩京製造奢侈品的作坊。但是，後來皇上聽信了胡人的話，為了奇珍異寶命令監察御史楊范臣去海南地區搜尋。楊範臣上奏說：「陛下您前年曾下令燒掉所有的珠玉錦繡，以表示今後不再享用的決心，可今天所尋求的奇珍異寶和當時所焚燒的有什麼不同呢？臣作為天子的耳目喉舌，如果有軍國大事要臣效力，那臣是萬死不辭。但這些只不過是胡人迷惑皇上，向皇上獻媚討好罷了，對您修養聖德沒有什麼好處。」皇上聽了覺得說得有理，馬上表示悔悟，並對楊範臣好言慰藉了一番，打消了為尋求珍寶而冒險的念頭。自此之後，胡人不敢再胡亂進言了。

　　唐玄宗在做藩王的時候，生有三子分別是太子李瑛、鄂王李瑤、光王李琚。即位後，臨幸武惠妃，又生了壽王李瑁，由於麗妃等人年老色衰，不再受寵愛。太子李瑛與光王李琚，覺得母親被冷落，不免為各自母親抱不平。惠妃藉此經常給李瑛和李瑤打小報告。李隆基大怒，想把他們全部廢掉。張九齡勸諫道：「陛下治國已經很久了，子孫藩衍昌盛，天下人都為您感到慶幸。如今三位皇子沒聽說有什麼大

錯，為什麼有一天竟因無妄之談要廢掉他們呢？何況太子是天下的根基，不能輕易動搖，如果陛下非要這麼做，老臣不敢遵命。」皇上聽了，心裡很不高興。惠妃卻暗地裡打發宮人對張九齡說：「有廢就一定有興，如果您做我們的幫手，宰相就可以當一輩子。」張九齡嚴厲叱責了惠妃，並把她的原話稟告給皇上。皇上才明白其中道理，因此，一直到張九齡告老還鄉，太子之位也沒有變動。但後來天，楊洄造謠說太子、鄂王、光王暗中對皇位圖謀不軌，皇上召見宰相商量如何應對。李林甫回答說：「這是陛下的家務事，應該由陛下自己決定。」明皇這才下定決心，派宦官去宮中宣佈他的聖旨，把太子等人廢為庶人，不久又賜他們死。人們都為李瑤與李琚的死惋惜不已。

李隆基好音律，才情很高，因此也非常風流。興化縣的秀才江抑之年過三十膝下無子，後去水祠祈禱得到一女，從小聰明伶俐好詩書，生得美麗動人，名喚采蘋。高力士奉唐明皇的旨意到民間廣尋美女，聽說了采蘋的美名，便下聘禮把她迎入宮中。

采蘋才十六歲，而且花容月貌，天下無雙，玄宗一見，便龍顏大悅，賞賜她的父親江抑之黃金千兩，彩緞百匹，讓他帶回家去快樂一番。采蘋深得唐明皇的寵愛，因她酷愛梅花因此被賜為梅妃。梅妃也善於吹玉笛，臨風而吹，美妙的聲音出自玉笛，清越的節奏合乎韻律，時而如纏綿泣訴的孤獨婦人，時而像舞動於深壑的潛龍，唐明皇龍顏大悅，立即召來諸王子飲酒。王子們上奏說：「臣子此前聽見了一陣笛聲，六音清妙，真好像是『此曲只應天上有，人間哪得幾回聞』。」明皇說：「此曲乃是朕的梅妃所吹奏的，這個妃子是個花神啊！歌舞音律都非常美妙，今日讓諸位見識一下。」接著便命令梅妃跳舞，梅妃於是領旨起舞，只見紅扇與雲彩相符相合，衣襟在霞光的籠罩下，姿態橫生，與檀板的節拍相呼應，「蝴蝶翩翩而迷花叢，江燕流連而戲柳絮」，這樣形容梅妃的舞姿一點也不過分。唐明皇命令

梅妃給寧王敬酒時，被寧王誤踩了鞋子，不高興就回宮了。寧王因為此事吃不安，睡不寧，後來唐明皇的寵臣楊迥給他出了一個主意，讓他光著膀子覲見唐明皇認罪，明皇笑道：「朕怎麼能為了傾國之美色而不顧兄弟之間的情誼呢？何況事情是無意的，朕不會放在心上的。」楊迥乘機把楊玉環推薦給唐明皇，唐明皇立即下令召楊玉環入宮，楊玉環在這方面和武則天有一比，都同樣侍奉了李家父子二人。

　　唐明皇可真是個風流天子，連自己的兒媳婦也不放過。他搶了自己的兒媳婦楊玉環為妃，並對她萬般寵愛，甚至連梅妃都失去了寵愛。楊玉環入宮後與梅妃爭風吃醋，最後把聖寵積在自己的身上。楊玉環整天與唐明皇在一起過著奢靡淫亂的生活，後期唐明皇不理朝政，只顧尋歡作樂。楊玉環生性水性楊花，不久便與安祿山廝混到一起，給唐明皇這個風流皇帝扣上了一頂綠帽子。唐明皇后期生活也極端奢靡，最終爆發了「安史之亂」。雖然安史之亂最終被平息，但是，此後，唐朝卻進入了藩鎮割據的局面。

「苦命」的皇帝李豫

　　李豫，即肅宗長子，出生於開元十四年，取名李俶。在五歲的時候，肅宗下詔冊封李豫為廣平王，說起來李豫也是一個「苦命」的皇子。在逆賊安祿山叛亂之後，他就跟隨肅宗去了靈武，招集軍隊，肅宗給予李豫天下兵馬大元帥的頭銜，諸位大將都要隸屬於元帥府。當時，肅宗才繼位不久，政權不穩，朝廷內部更是兵弱將寡，財庫虧空嚴重。自小就懂得以禮待人，以德服人的李俶，躬身下士，招兵買馬，不久就招兵數萬人，肅宗見狀，讚不絕口。當時，安祿山的大軍兵臨城下，眼看就要攻克長安城，叛軍聲勢浩大，氣勢如虹，唐將聞風喪膽，沒有一個敢出城與叛軍交戰。小小年紀的李俶，自動請纓，組織勇士力阻叛軍，在與叛軍的多次交鋒中，大敗叛軍，士氣為之大振，戰爭出現了轉機，肅宗龍顏大悅。不久，迴紇王子率領大軍援助唐軍，李俶和他結拜成為兄弟，兩人聯手進擊叛軍。西元七五七年，李俶、郭子儀等人率領軍隊及迴紇、西域大軍總計十五萬人，從鳳翔出發，攻克長安，大敗叛軍。在李俶攻入長安之後，立即下令，將士不得欺壓百姓，並對百姓進行安撫，受到長安百姓的敬仰。在唐軍攻佔長安之後，李俶又率領軍隊攻克洛陽，叛軍守城頭目安慶緒抗不住壓力，棄城逃跑。大捷的消息傳到肅宗的耳朵裡，肅宗欣喜若狂，以有這樣的兒子而感到無比地榮耀，回京之後，立即下令冊封李俶為楚王。乾元元年，李俶又晉封為成王，不久立為太子，改名李豫。

　　上元末年，唐肅宗駕崩，李豫即皇帝位，即唐代宗。

　　李豫即位之初，叛將史思明被人殺死，他的兒子史朝義佔據洛陽，就是攻不下來。於是代宗再一次向迴紇請求援助，與此同時，任

命長子李適擔任天下兵馬大元帥一職，攻打洛陽。唐軍和史朝義在洛陽北郊展開激戰，叛軍史朝義大敗，叛軍的大部分將領都投降了。第二年，史朝義自殺，「安史之亂」也至此平息。

唐軍收復洛陽之後，迴紇軍猶如土匪一般，燒殺搶掠，殘害百姓。可是，「滴水之恩，當湧泉相報」，唐代宗為報答當年相助之情，一再遷就迴紇，企圖通過忍讓來換取和迴紇的友好關係。

安史之亂平息之後，唐代宗總算是鬆了一口氣。西元七六三年，改元廣德，本著以仁德治天下的宗旨，大赦天下，叛軍舊將、親族一律不予追究，各級官吏封爵加官。誰知一時心軟釀成大錯，安史舊將再度成為了唐朝節度使，藩鎮割據勢力再度橫行朝野。尤其是成德、魏博、幽州三鎮的勢力最強，成了唐後期最大的藩鎮割據勢力，叫做「河朔三鎮」。

而唐代宗呢？不僅不去鎮壓這種不正之風，還給予「三鎮」很高的待遇，對待其它的割據者也是睜一隻眼閉一隻眼，得過且過，這就更使得割據者肆無忌憚，這些人「雖稱藩臣，實非王臣」，幾乎達到了與皇帝平起平坐的地位，在政治、軍事和財政上面都是完全獨立於朝廷的，實際上已經成為了獨立的封建王國。割據勢力的膨脹，成為了中央政府最大的威脅。由於唐中央政府的腐敗和唐代宗對藩鎮的姑息，中央的實權越來越少，皇帝成為了一個名存實亡的頭銜。

如此一來，割據者越發倡狂，稱雄者也越來越多，藩鎮割據的局面已經完全形成了。與此同時，吐蕃軍不斷侵擾唐朝邊境，唐代宗不得不抽調主力到京西抵制吐蕃秋季的入侵，歷史上稱作「京西防秋」。

此後，吐蕃連年入侵，戰爭激烈，消耗了大量的人力、物力、財力，唐代宗在鳳翔、涇州、邠州、渭北等地設置節度使，重兵防守，用來抵禦吐蕃軍。

　　廣德二年，唐將僕固懷恩生反叛之心，招致西域吐蕃、迴紇等部進攻長安。唐代宗任命郭子儀率領軍隊禦敵。郭子儀英勇善戰，驍勇殺敵，連連報捷。不久，京師之圍就解除了。

　　大曆二年，吐蕃侵入靈州境內，緊接著兵逼邠州，唐代宗任命郭子儀率師禦敵，同年十月，唐軍擊敗吐蕃軍，京師才得以平安，不久，郭子儀班師回朝。大曆三年十一月，吐蕃再一次入侵靈武、邠州、靈州等地，郭子儀率軍抵禦，大敗吐蕃軍，大捷消息傳至京城。唐代宗喜形於色，沉浸於暫時的勝利之中。

　　大曆九年，唐代宗任命郭子儀大閱兵師以抵抗吐蕃的再一次進攻。不久，代宗又下旨為防備吐蕃，各地出資備邊，來供「防秋」之用。

　　在唐代宗在位的這段時間，對於吐蕃的入侵雖採取了一些預防措施，但因節度使各自獨立，根本沒有辦法駕馭，中央下達的政策無法實施，根本解決不了實際問題。縱觀朝野，大唐和吐蕃的連年戰爭，一直勝負未分，這對於雙方的消耗都很巨大。此後，西域吐蕃漸漸走向衰亡，大唐也日趨衰弱。

　　安史之亂平息之後，代宗以為就可以萬事大吉了，殊不知，危機已經慢慢在向他逼近。

　　唐代宗面臨著外患、內憂的雙重威脅。外患已經解決，那麼內憂又是什麼呢？

　　唐代宗因為得到宦官李輔國、程元振等人的擁立才得以坐上皇帝的寶座，即位之後對宦官李輔國和程元振二人更是寵信有加。李、程自恃有功，居功自傲，越發專橫，漸漸對代宗的政治統治形成了威脅。

　　代宗即位初期，李輔國自命有功，竟然狂妄到不把皇上放在眼裡，對代宗出言不遜。代宗很不高興，但又因為李輔國兵權在握，也

只能是一忍再忍，表面上以禮相待，尊稱李輔國為尚父，不久，又晉升為司空、中書令。程元振也任左監門衛大將軍的職務。李、程二人利用專權作威作福，權傾朝野，排斥異己，代宗也只能是睜一隻眼閉一隻眼，很是無奈。

李、程二人雖同朝為官，卻總免不了勾心鬥角。程元振曾暗地裡向代宗表示要懲治李輔國，代宗一聽，甚是高興，心想機會終於來了，立即下旨解除了李輔國行軍司馬的職位。繼而，代宗又和程元振秘密商議，派牙門將暗殺了李輔國。

李輔國被殺之後，程元振晉為驃騎將軍，獨攬兵權，專政自恣。

廣德元年秋，吐蕃兵入侵關內，攻佔河西隴右地區。地方官員連連上書告急，都被程元振攔截下來。一直到吐蕃兵攻克涇州，代宗才察覺到事有蹊蹺，不得不再一次任用郭子儀。

唐代宗出奔陝州時，曾多次下令徵集各道兵馬，節度使個個對程元振恨之入骨，無一應詔，就連李光弼也是勒兵不赴。護駕的大臣，又害怕程元振，不敢彈劾，僅有太常博士柳伉給皇帝上書，請求斬殺程元振，以謝天下。可是，代宗心腸軟弱，因為感念程元振曾有「擁立之功」，只是削奪官爵，讓他回鄉頤養天年。

唐代宗在位期間，宦官專權成為主流。其中，魚朝恩也是一名專權用事的宦官。

魚朝恩專權，勢傾朝野，專橫跋扈，後來，被代宗秘密縊殺。

李輔國、程元振、魚朝恩三人都是宦官，他們因為得到代宗的寵信，就恃寵橫行，干預政事，之所會這樣的原因就在於代宗太過優柔寡斷。在宦官之勢權傾朝野，代宗統治岌岌可危時，代宗沒有採取任何措施，只是利用朝官和宦官之間的矛盾和鬥爭，把宦官除掉。利用朝官和宦官之間勾心爭寵來固位的鬥爭，構成了唐朝後期的政治特徵。

　　大曆十四年五月，唐代宗逝世，葬於元陵，諡號「睿文孝武皇
帝」。

剛愎自用的唐德宗李適

　　德宗登基之初，立即下旨進行改革，禁止歲貢。在生活方面德宗也非常注重「節儉」二字，與此同時，德宗下旨禁止官員經商，對貪污受賄的官吏更是嚴加懲辦。

　　德宗即位之後，對崔祐甫和楊炎二人委以重任，任命二人為丞相，在楊炎的建議下對賦稅制度進行了一些列的改革，廢除以前的「租庸調」制，而推行「兩稅法」。

　　「兩稅法」的實行，不僅納稅面有所擴大，同時也減輕了人民的負擔。納稅人的增多導致政府收入增加。「兩稅法」與「租庸調」法相比，是具有進步意義的。起初，「兩稅法」的實行是給百姓帶來一定的裨益，但是德宗及其官員們並沒將此認真的貫徹執行，漸漸地苛捐雜稅越來越多，稅種重複徵收，人民的負擔也日益沉重。

　　德宗即位的時候，朝廷內部黨爭十分激烈。朝廷被弄得烏煙瘴氣，導致政局動盪，民不聊生。

　　李寶臣曾和李正己、田承嗣等議定，要在藩鎮確立傳子制。大曆十四年，田承嗣去世，田悅接任，李寶臣向皇帝上書，要求承認田悅的繼承權，很快就得到了代宗的允許。李寶臣死後，他的兒子李惟岳繼父親的爵位，也上書請朝廷認可。但是德宗一心想要革除舊弊，毅然決然的回絕了李惟岳的請求。德宗的拒絕惹火了李惟岳，於是，李惟岳聯合田悅、李正己二人，為爭取傳子制，出兵和朝廷作戰。這算得上是對於朝廷和藩鎮力量對比起著決定性意義的一場戰爭，但是德宗並沒有做好萬全的作戰準備和計劃，結果唐軍連連戰敗，戰爭規模也越來越大。

　　建中二年，李惟岳的部將王武俊將李惟岳秘密殺害，投降朝廷。但是一時失敗，並不能夠改變割據者的野心，更不能夠改變朝廷分裂已久的局面。因此，這一戰爭尚未平息，立刻又發生了一次激烈的戰爭。從此，德宗開始了流亡的生活。

　　在之後的幾年中，朝廷一直動盪不安，戰爭不斷，德宗任命李晟為大將軍，帶領大軍與敵軍展開殊死之戰，大獲全勝，屢立戰功，德宗對李晟也是青睞有加。

　　流亡十個月之久的德宗終於又回到了長安。正所謂「用人不疑，疑人不用」。但是德宗生性多疑，猜忌功臣，返回長安之後，他的猜忌之心就更是一發不可收拾。西域吐蕃曾經多次被李晟擊退。在吐蕃人眼裡，要想取得唐國，就一定要除掉大唐良將李晟、馬燧、渾瑊這三個人。貞元二年，吐蕃進攻鳳翔城，口口聲聲說是李晟叫他們來的。對與這個十分拙劣的離間計，多疑的德宗竟然信以為真，開始懷疑李晟。張延賞也乘機污蔑李晟。這樣一來，德宗漸漸疏遠了李晟。第二年，德宗以和吐蕃作戰為藉口，奪去了李晟的兵權。

　　李晟遭到猜忌，被德宗解除了兵權，這件事對武將來說打擊都很大，宰相張延賞也因為這件事辭職，百官之首辭官還鄉，對朝廷上下的影響頗大，大臣們議論紛紛，朝廷動盪不安。一直到德宗任李泌為宰相之後，局面才慢慢穩定下來。

　　李泌經歷了玄、肅、代三朝，對於昏君的心理摸得是一清二楚，他曾是德宗的啟蒙老師，所以可以誘導德宗做許多好事，消弭禍亂，李泌上任之後，就與德宗約好，不要加害有功之臣。

　　因為李泌說理透徹，態度和順，為國家做了許多好事，逐漸受到了德宗的器重。在此基礎之上，李泌提出了與迴紇、南通雲南、大食和天竺交好，來圍困吐蕃的計劃。貞元四年，迴紇以與大唐和親為條件，表示願意為大唐牽制吐蕃的勢力。貞元九年，南詔國也脫離西域

吐蕃，和唐恢復友好關係。自此，吐蕃勢力日漸衰弱，再也不能夠威脅到唐王朝，唐朝的政局也日趨穩定。

在政局比較穩定的這一段時期，德宗不但沒有做出政績，惡政反而日漸滋生。

興元元年，宦官專權再一次盛行。貞元十二年，德宗任命竇文場、霍仙鳴為左、右神策護軍中尉的職務。從此，宦官開始統領禁軍，宦官掌管禁軍成為了唐朝定制，這就為唐後來政局的動盪埋下了隱患。

在奉天之難中，德宗飽受窮困飢寒之苦，但他卻並沒有從中吸取任何教訓，而唯獨獲得了貪財的經驗。回到長安之後，德宗便一心搜刮民財。德宗貪財成性，地方官員便以此來做文章，討得他的歡心。

貞元二十一年，德宗駕崩，葬於崇陵，諡「神武孝文皇帝」，廟號「德宗」。

當太子時間最長的皇帝李誦

對唐順宗來說，做太子的時間要比做皇帝的時間長，在他的父親唐德宗登基的那一年，也就是西元七七九年，李誦就被詔立為皇太子，但是到了第二年的正月才正式被冊立。後來，到了西元八○五年德宗退位之後，唐順宗正式即位。這樣算算，順宗一共做皇太子整整二十五個年頭，如果按照當時的習慣算，也就是二十六年。

順宗在被冊立為太子之前的生活狀況歷史上記載得不詳細，我們只可以知道他曾經被冊封為宣王。當順宗在被選立為皇太子的時候，就已經十九歲了。這個時候的他已經初為人父了，在西元七七八年二月，他的第一個孩子李淳降生了。

在唐順宗做太子的二十六年裡，他親身經歷了天下動盪的局面，藩鎮割據叛亂的混亂和烽火，也親眼目睹了朝廷大臣們互相的傾軋與攻訐，在政治道路上也逐漸變得成熟。史書上給唐順宗的評價是：「慈孝寬大，仁而善斷。」唐順宗還是一個才子，他愛好廣泛，甚至連佛教經典也曾經讀過，唐順宗寫的字格外的好，特別擅長的是隸書。每遇上德宗做詩賜給大臣或者方鎮節度使時，都要命令太子李誦書寫。特別令人稱道的是，在西元七八三年的「涇師之變」中他隨皇帝出逃避亂，順宗就負責執劍殿後的工作，在經歷四十多天的奉天保衛戰的時候，面臨朱泚叛軍的緊緊追擊，他經常是身先士卒，親臨城門禦敵。全軍將士們無不在他的督促和激勵下，奮勇殺敵，終於使奉天保衛戰取得了全面的勝利，保護了出逃的唐德宗的安全。

唐順宗經歷的太子生涯雖然說不像唐朝前期的那些皇太子一樣波折不斷，動輒被廢黜，但是有一件事也差點讓他遭受滅頂之災。在西

元七八七年八月郜國大長公主的牢獄之災，也給他帶來了不可磨滅的恐懼。事情的發展是這樣的：郜國公主是唐肅宗的女兒，也就是唐順宗的姑祖母，她和駙馬蕭升所生的女兒是唐順宗在做皇太子時的妃子。郜國公主因此就依仗自己的特殊身份，在東宮自由出入。她的丈夫蕭升去世後，郜國公主的私人生活非常放蕩，不但和彭州司馬李萬發生苟且之事，並且還和擔任太子詹事的李昇、擔任蜀州別駕的蕭鼎等一些官員暗中有過往來。假如僅僅是私生活不知檢點，那麼這在唐朝的皇室也是無關緊要的事。然而，卻有人告發郜國公主在和他人「淫亂」的同時，還指出她行使巫蠱的法術，這樣就嚴重冒犯了皇帝的威嚴。唐德宗知道後大發雷霆，又因為這件事情牽涉到了皇太子，所以唐德宗就馬上將李誦找過來，狠狠地批評了一番。唐順宗被父皇無端指責，非常害怕卻又不知該如何做，於是就效仿唐肅宗在天寶年間做太子時的伎倆，請求和蕭妃離婚。這件事發生以後，唐德宗萌發了廢李誦改立舒王李誼為太子的念頭，並且把當時擔任宰相的前朝老臣李泌秘密召入宮中商議換太子的事。

舒王是唐德宗的弟弟李邈的兒子，因為李邈英年早逝，於是唐德宗就把他收養，視如己出，非常地寵愛。宰相李泌認為唐德宗捨棄親生兒子而改立侄子為太子不妥當，唐德宗就發怒了。李泌於是就給他詳細分析了自從貞觀以來太子廢黜的經驗教訓，認真分析了太宗皇帝對廢立太子方面的謹慎以及唐肅宗因為性急而冤殺建寧王造成的悔恨，勸他要引以為戒，千萬不能操之過急。李泌的話終於打動了唐德宗，所以唐順宗的太子之位才得以保全。

不久以後，郜國公主就被唐德宗幽禁了，在西元七九〇年死去。而李萬因為和同宗發生淫亂，用不知「避宗」的罪名就被杖殺了。郜國公主的親屬也因此受到了牽連，她的五個兒子以及李昇、蕭鼎等被流放到嶺表和邊遠的地方。郜國公主的女兒和皇太子妃蕭氏也接連被

殺死。經歷了這次變故，本來生活的就小心翼翼的唐順宗就更加細心謹慎了。

西元八〇五年唐順宗終於告別了膽戰心驚的太子時代，成為了天下的統治者，他即位以後支持革新，消除弊政。並且任命了韋執誼擔任尚書左丞、同中書門下平章事的職位，任命太子侍書、翰林待詔王伾擔任左散騎常侍，以及翰林學士，以前擔任司功參軍、翰林待詔的王叔文任命為起居舍人，以及翰林學士。唐順宗因為患了中風病而不能說話，於是就把政事委託給了親信王伾和王叔文，人稱為「二王」。但是朝臣中有柳宗元、劉禹錫等眾多名士，也全力幫助「二王」處理朝廷政事，並針對當時的弊政進行了一些改革。

「二王」的改革，首先從廢除激起民憤比較大的「官市」、「月進」、「日進」來入手。其實早在唐德宗的時候，宦官們就經常用為皇宮採集物品的名義，對黎民百姓進行掠奪，被稱為「宮市」。還有一些地方節度使為了盡力討好皇帝，於是不斷地向皇帝進奉錢財寶物，有的人每月就會進奉一次，被稱為「月進」，有的人甚至每日就進奉一次，被稱為「日進」。後來的州刺史和幕僚也紛紛效仿，日漸成為了一種時弊。那些用來向皇帝進奉的錢財，無一例外都是搜刮來的民脂民膏。甚至有些地方官吏利用進奉的名義，幹一些中飽私囊的勾當，任意向百姓加派賦稅，使民不聊生，百姓苦不堪言，進奉已經成為郡縣百姓們一項沉重的負擔。到了唐順宗期間，這種惡習越來越嚴重，並且發展的趨勢日漸猛烈。於是針對這種惡劣的情況，王叔文等人就用唐順宗的名義，下旨取消「宮市」和「日進」、「月進」。同時還下令取消民間對官府的各種虧欠，還下令降低鹽價。這一系列措施的頒佈和實施，很大程度上減輕了人民的負擔。

在唐順宗的全力支持下，王叔文等人還策劃了一系列奪取宦官兵權的活動。八〇五年五月的時候，任命右金吾衛大將軍范希朝擔任右

神策統軍，以及左右神策、京西諸城鎮行營兵馬節度使等職位，任命
韓泰擔任其行軍司馬，負責控制宦官手中的兵權。宦官集團於是就密
令自己所控制的將領對范、韓二人進行抵制，全部起來反對范希朝統
率神策軍，結果使這一措施沒有得到執行。這時其它一些地方的節度
使也對王叔文等人開始施加壓力，在王叔文當政沒有多長時間的時
候，擔任劍南西川節度使的韋皋就秘密派心腹劉闢到京都，對王叔文
進行威逼利誘，提出要全部佔領劍南三川的地方，以此來擴大自己的
勢力範圍。但是王叔文嚴詞拒絕了韋皋等的無理要求，於是韋皋等人
對王叔文懷恨在心，事事和他作對。這時許多藩鎮害怕王叔文限制他
們的權力，於是也開始陸續製造緊張的氣氛，嚴厲指責王叔文擅權獨
斷。於是王叔文等人的處境日益艱難，一系列革新的措施在執行中受
到重重的阻礙。

　　唐順宗、王叔文採取的限制宦官、藩鎮的措施，激怒了很多人，
以俱文珍為首的宦官集團開始蠢蠢欲動，陰謀策劃了宮廷政變，擁立
太子登基，廢除唐順宗。擔任劍南西川節度使的韋皋、荊南節度使的
裴均、河東節度使的嚴綬等陸續上表朝廷，打擊王叔文等人，和俱文
珍等宦官裡外呼應，朝中的一些守舊派的官員也開始群起進攻王叔
文。於是當年的八月份，唐順宗無可奈何的讓太子李純監國，不久以
後又被迫禪位為太子，自稱為太上皇。所以李誦登基為帝只有八個月
的時間。

　　唐順宗退位以後，宦官的權勢日益膨脹，王叔文、王伾紛紛被貶
逐，王伾死在貶所，王叔文在被貶後又被賜死。柳宗元、劉禹錫等支
持革新的八人也全部被貶為邊州司馬，在歷史上這一事件又被稱為
「二王八司馬」事件。

　　西元八○六年一月，唐憲宗率領百官到興慶宮給唐順宗進行朝
賀，並且給順宗奉上尊號，稱他為應乾聖壽太上皇。過了不久，太上

皇李誦的病情就嚴重了，最後死在興慶宮的咸寧殿，享年只有四十四歲。群臣尊稱他為「至德大聖大安孝皇帝」，廟號為「順宗」。同年秋天的七月份，被下葬到豐陵。

奮發有為的好皇帝李純

在西元八〇五年，在宦官俱文珍和劍南節度使韋皋等藩鎮勢力的聯手配合下，迫使唐順宗傳位給了太子李純。後來又在宦官強大勢力的壓迫下，唐順宗退位成為了太上皇，於是太子李純正式即位，稱為憲宗。改號為元和。唐憲宗登基的時候二十八歲。憲宗登基後力圖消除藩鎮割據的勢力，恢復唐朝的統一版圖，並且在這個方面也取得了一些成就。

唐憲宗即位後，就一反過去其父對藩鎮姑息謙讓的態度。在西川節度使韋皋去世後，擔任韋皋節度副使的劉闢就擅自做主接替了他的位置，並且給朝廷上書，請求替代韋皋擔任節度使。但是憲宗沒有答應，而是馬上任命袁滋擔任西川節度使，徵召劉闢到朝中擔任給事中。

自從唐中期以後，地方藩鎮各自擁兵自重，表面上對朝廷無比尊重，但是法令、官爵都是擅自決斷，賦稅也從來不上交朝廷。節度使的職位更是開始了世襲的制度，通常不接受朝廷的任命，都是父死子繼，或是由部下們擁立，朝廷也只能選擇順從，事後再予以追認，但是卻不能更改，否則節度使們就會聯兵進行反叛朝廷的戰爭。朝中的宰相杜黃裳分析了當下的形勢，認為振舉綱紀，制裁藩鎮是朝廷的重中之重，憲宗非常贊同他的建議。劉闢沒有能夠當上節度使，於是就發兵進攻梓州。憲宗沒有聽取眾大臣反對的呼聲，而是採取了杜黃裳提出的建議，先拿劉闢開刀殺一儆百。

在西元八〇六年，唐憲宗命令左神策軍的節度使高崇文等人率軍

討伐成都。高崇文是唐朝將領中資歷尚淺但卻很有智謀的將領。他率領大軍從斜谷出兵，一路嚴明軍紀，過五關斬六將，所向披靡。在正月的時候出兵，到了九月份唐軍就攻克了成都，把劉闢生擒了，平定了蜀中節度使的叛亂。

當時憲宗正在討伐成都的時候，擔任夏綏節度使的韓全義表示接受入朝做官，但是只是假象，他留了自己的外甥楊惠琳為知夏綏留在了他的統轄地區，仍然不肯交出手裡的兵權，並且派兵去阻止朝廷派去接任的節度使上任。於是憲宗果斷地下令河東的天德軍討伐楊惠琳，並且非常成功的平息了楊惠琳的反叛行動。俗話說：「新官上任三把火。」唐憲宗在剛登基的那年就表現出了自己的鋒芒，在和藩鎮鬥爭的局面中取得了初步的勝利。

唐憲宗的才能不僅表現在和藩鎮鬥爭中顯示出的卓越膽識和果斷強硬的氣魄，並且在用人納諫的方面也非常具有選賢任能的眼光和採納諫言的大度。

自從憲宗登基後，就一直渴求有能夠「治國平天下」的賢才相助，並且非常厭煩那些貢獻奇珍異寶來博取他歡心的小人。

憲宗的朝堂上，非常注意挑選和任命宰相。當他還是太子的時候就已經開始留心這個問題了。掌握大權以後，就經常和大臣們在一起討論歷朝歷代選用宰相的利弊得失。於是最後選擇了像裴垍、杜黃裳、裴度、李絳、崔群等一批個性正直並且有治國方略的名相。

杜黃裳作為憲宗開始削平藩鎮的謀劃大臣，正當西川劉闢率兵叛亂時，眾大臣都認為蜀道險遠，不應該出兵。但是杜黃裳卻力主討蜀，並且給憲宗推薦了高崇文擔任軍事統帥。高崇文不僅正直無私，而且驍勇善戰，在對藩鎮首戰中就告捷，立下了非常大的功勞。

除了杜黃裳以外，憲宗還非常器重李絳，因為他不僅胸有謀略，而且非常熟悉天下的藩鎮形勢，並且有剛正不阿，敢於直諫的精神。

只要有朝臣對憲宗進獻讒言，做陷害忠良的事，李絳都為他們加以辯解，減少了憲宗不少的過失行為。

李絳勇於直言，不會做出巴結皇帝的事，因此憲宗更加器重他。到了元和六年的時候，就任命他擔任宰相。李絳曾經奉勸憲宗，國家比較艱難，府庫金銀空虛，所以應該節衣縮食，不要縱情於聲色。憲宗聽了以後感到非常高興，於是就稱讚他說：「真宰相也！」然而就在這一年，江淮地區發生了大災荒，可是當地御史為了逃避責任卻謊報是豐收年。於是李絳上書奏請憲宗，制裁那個弄虛作假視人命如草芥的御史，還罷免了當年江淮的租賦。後來又上書建議憲宗在振武、天德兩個地區開置田地。於是四年間開墾了田地四千八百頃，收穫了糧食四千餘萬斛。凡事像這類的有關國計民生的大事，憲宗都虛心採納。在李絳擔任宰相期間，協助唐憲宗做出了平定藩鎮、整頓吏治、糾正弊政等許多大事，成為當時著名的一代賢相。

憲宗執政時，也曾有宰相膽小怕事，每遇到朝廷大事就退縮不前，只知道隨聲附和，提不出有力的建議。比如權德輿就屬於這一類人。每次當李絳和李吉甫在憲宗面前爭論不休時，權德輿就保持中立，不發表意見。於是憲宗就非常鄙視他的這種行為，不久以後就罷免了他的宰相職位。

在對其它官員的任用上，憲宗也是「不拘一格降人才」，任人唯賢。當時憲宗的臣下裡，擔任左拾遺的元稹也是敢於指出朝廷的不當之處的人，憲宗非常喜歡聽他的實話，於是經常召見他。白居易曾經作詩來諷刺當時的時事，後來傳人宮中，唐憲宗大為欣賞他的膽略，於是就任命他為翰林學士。擔任給事中的李藩也是「知無不言，言無不盡」，對於皇帝的錯誤決策也敢於指正，於是憲宗就任命他為宰相。擔任翰林學士的崔群讜直無隱，也是受到憲宗高度的信任和讚賞。

因為唐憲宗的知人善任，所以當時朝廷中人才濟濟，李絳、杜黃裳、裴度為憲宗運籌帷幄，制定大策略；高崇文、李愬、李光顏等作為驍勇善戰的武將為憲宗南征北戰，平定各地的叛亂；白居易、杜佑、韓愈為其舞文弄墨，草擬詔書。唐朝後期的人才之盛，哪朝也比不過唐憲宗。

但是唐憲宗在後期就開始盲目自大，不再是那個寵信諫臣，愛聽逆耳忠言的憲宗了。開始喜歡阿諛奉承的小人，逐漸那些忠信正直的大臣被排擠出朝堂。一群奸佞小人圍繞在憲宗周圍，憲宗這時眼裡已經沒有黎民百姓了。在晚年時期，又開始信奉神仙長生不老之術，一時間人們在他的帶動下，封建迷信開始盛行，韓愈上書勸諫，但是毫無作用，被貶為了潮州刺史。

到了西元八二○年，憲宗因為服食大量金丹，導致性情日益躁怒，對左右的宦官稍有不開心，就開始責罰，甚至有人被活活打死。宦官們人人自危，擔心某一天就會輪到自己。於是宦官陳弘志為了自保，設計把憲宗殺死，宦官們將憲宗的真正死因隱瞞下來，對外宣稱用藥過量而亡。從此以後，唐朝的大權都由宦官操縱。憲宗死後被葬在景陵，諡號為「神聖章武孝皇帝」，廟號為「憲宗」。

昏庸的短命皇帝李恒

　　穆宗初即位時，各地的藩鎮還較為「溫順」，各地相安無事，可穆宗臨朝掌政後，政局發生了翻天覆地的變化。剛剛即位的他，正趕上成德節度使王承宗離世，其弟王承元暫攝軍務，上奏皇帝請求朝廷派遣新的節度使。因為這關係到藩鎮以後是歸順中央還是自立為王，穆宗本應慎之又慎，派遣德才兼備之人任職。但穆宗恣意妄為，竟派曾兩次征討成德的田弘正前去擔任成德節度使。殊不知，雙方是多年的冤家，無論從情理還是公理上，成德軍士怎會甘心任其擺佈呢？再加上當時地方節度使可以忽視中央的遙控，其手下的驕兵悍將如若看不慣節度使很可能就會取其性命。田弘正去簡直是自尋死路。左金吾將軍楊元卿認為這樣萬萬不可，他於是向穆宗進言，認為這樣會激起當地人的反感，穆宗卻充耳不聞，恣意妄為。

　　田弘正自從歸附中央以來，對朝廷是忠心耿耿，這次由魏博移官成德，雖明知自己性命危在旦夕，但還是以大局為重，前去赴任。為了減少傷亡，帶了親兵兩千名增加威勢。而朝廷卻斷絕了部分軍隊的糧草。弘正上表請求四次，度支崔倰懦弱無能，不敢自作主張，所以遲遲不把情況上奏朝廷，弘正只好把兩千名親兵重新遣回魏博。

　　此時穆宗又下詔，對成德軍給以金錢誘惑，但是負責供給的度支在規定的時間沒有運到，加上成德軍士與田弘正積怨已久，這樣一來更懷疑是他私吞了了朝廷的金銀，怒氣不打一處來。

　　成德都知兵馬使王庭湊一直在暗中謀算怎樣叛亂，由於田弘正的兩千名親兵兵強馬壯，所以一直按兵不動。當得知親兵被遣回的消息時，王庭湊趁軍中的士氣不穩之際，殺死了田弘正及僚佐、將吏、家

屬等三百餘人，隨後將四周的小地攻下，搶佔冀州，進攻深州，以此來要脅朝廷封他為節度使。

穆宗對天下藩鎮割據的情況知之甚少，中央和地方的矛盾雖然愈演愈烈，但他卻無計可施，又加上他一意孤行，閉目塞聽，只知貪圖美色，尋歡作樂。幽州節度使劉總，因生平濫殺無辜，自感罪孽深重，便引咎辭職打算去做和尚，臨走前上奏德宗，擬打算把幽州分為三道，一道由平盧節度使薛平管理，一道由京兆尹盧士玫管理，一道由宣武節度使張弘靖管理。德宗未經大腦思考，就隨意答應了，權臣崔植、杜元穎與張弘靖交好，便自作主張把瀛、莫二州交給盧士玫管領，把其餘的全交給了張弘靖，而朱克融等幽州悍將何去何從也不予理睬，仍命他們在張弘靖手下任職。張弘靖到盧龍後，仗勢欺人，魚肉百姓，貪污救濟款，剋扣軍士糧餉，又不把士卒當人來看待，結果士卒紛紛反抗，朱克融以卓越的領導才能被推為節度使，附近州縣也紛紛宣佈獨立。

由於用人不善，河北的戰火剛剛平息，又重新危機四起。自此混戰開始，唐朝無力挽救自己悲慘的命運了，國家處於水深火熱之中。

穆宗調集魏博、橫海、河東、義武等諸軍十七萬餘人對河北的戰亂進行征討。

憲宗時裴度曾立下帶領諸軍討平淮西的汗馬功勞，有大將風範，但今夕不同往日。憲宗時對他信任有加，現在的他卻經常受到冷落。翰林學士元稹、知樞密魏弘簡嫉妒裴度的才能從中作梗。二人害怕裴度成功以後威脅到自己的權位，就千方百計破壞、攻擊裴度的策劃方案，穆宗昏庸無道，聽信小人的花言巧語，裴度孤身一人無力迴天，於是，他的主張總是被作罷。

當初，趁著國泰民安宰相蕭俛、段文昌以裁軍為由，上奏穆宗理應密詔天下車鎮，規定每年在一百人中裁員八人，以減少軍隊臃腫的

現象。結果由於士兵失去軍籍無以為靠，落籍軍士則結夥在一起做起了強盜的勾當，當朱克融、王庭湊作亂，打出反抗當今朝廷的旗幟，眾卒甘心隨其前往。而各個車鎮兵力尚少，臨時招兵買馬，全是些沒有作戰經驗的烏合之眾。到前線迎戰時，各地節度使和領偏軍的將領有宦官作監軍，將領沒有指揮作戰的權利，也就是手中沒有兵權，一舉一動都要受到朝廷的牽制，且政令一會一個主張，讓人沒有辦法來執行。監軍們還把驍勇善戰的武將做自己的衛士，只讓老弱病殘者抵擋前線的大敵，官軍的戰鬥力可想而知，只是紙老虎而已。

當時，王庭湊在圍攻深州遭遇了不順，橫海節度使烏重胤把全軍派到深州前去營救，獨擋東南一面重任，在官軍討敵發揮了中流砥柱的作用。重胤見敵堅不可摧，就守戰不出。穆宗又是稀裡糊塗地臨陣易帥，讓杜叔良擔滅敵大任，官軍沒有一個驍勇善戰的領導。結果屢戰屢敗，亡七千餘人。

這樣一來，中央在百姓心中的威信降低，藩鎮勢力更加肆意妄為。幽州（盧龍）節度使朱克融戲耍朝廷，先把馬萬匹，羊十萬頭進獻給朝廷，卻又請求皇帝將馬、羊錢作為犒賞重新下旨封賜給幽州。

唐穆宗的短短兩年時間內，就把憲宗辛勤治理的大唐江山折騰得面目全非。叛亂此起彼伏，藩鎮與中央之間極力抵抗、藩鎮與藩鎮之間爭奪地盤，唐王朝搖搖欲墜，風雨飄搖。

唐穆宗不僅是一個昏庸無道，目光短淺的帝王，而且對政事毫不知情，只知沉迷酒色。元和十五年，穆宗由宦官擁立上臺，當時，憲宗的安葬儀式還沒有舉行，穆宗對父親的離世不感到任何的悲傷，當皇帝的興奮之情沖淡了他的喪父之哀。此等不肖子，本擔當不了國家大任，至於將來的治國之策，他更拋到九霄雲外。

唐穆宗既然不關心黎民百姓的生活，對選拔治國人才更是無心過問了。蕭俛、段文昌、杜元穎、王播、元稹等人先後擔任過穆宗朝的

宰相。這些人溜鬚拍馬，以權謀私，勾結朝臣，擴大自己的實力，是一群心中無治國之策的勢利小人。

穆宗時，朝臣中並非沒有能文能武的大將之才，像裴度、崔群、白居易、韓愈等都是當時顯赫的能人，但穆宗沒有給以他們充分的信任，他們的治國之策也是常常被擱置。

長慶二年，即西元八二二年，穆宗閒來無事與宦官在宮中戲玩球技，有一宦官不小心從馬上墜落，膽小如鼠的穆宗竟因此受驚嚇而一病不起。當時李逢吉為相，一人之下萬人之上，光聚群黨，擴大自身實力，穆宗自這次大病之後，也迷信方士所進的長生不老藥如金石之類的東西。長慶四年初，因風疾復發於長安宮中病亡，時年三十歲。陵寢位於光陵，諡「睿聖文惠孝皇帝」，廟號「穆宗」。

藩鎮手中的傀儡皇帝李曄

　　昭宗登上皇位以後，閱讀了大量的文史資料，結交忠貞愛國志士，對儒學尤為重視，對大臣的觀見講究君臣之禮，勤於政務，唐朝的政治如雨後春筍般興盛起來。龍紀元年（西元889年）春正月，大赦天下囚犯，各地的文武百官都封了或大或小的官職。就在這年二月，朱全忠把在蔡州割據混戰的秦宗權押往長安處死。朱全忠原名朱溫，曾是黃巢起義的始作俑者之一，後來由於形勢對自己不利便叛變降唐，賜名全忠，擔任宣武節度使。中和四年（西元884年）黃巢起義軍被他和李克用等合力鎮壓，他就成為唐末割據一方的霸主勢力。龍紀元年十一月，昭宗改名傑。

　　當時，宦官楊復恭因為在兩軍作戰中擁立昭宗而被封為兩軍中尉，他效仿田令孜以前之所為，大量收養勇士並把他們認為義子，以便把自己手上的兵權分給自己的得力手下，號稱外宅郎君，與此同時又在宦官中挑選了六百人作為義子，讓他們去擔任諸道監軍，其實是「換湯不換藥」，仍然是宦官專權，只是由先前的宦官田令孜改為楊復恭。太常博士錢珝、李綯等上奏請求限制宦官官僚隊伍的壯大，宰相孔緯、張濬也主張昭宗將宦官的權力消滅在最開始處。昭宗對楊復恭專權也是恨之入骨。這樣皇帝、朝官與宦官之間的軍事衝突如箭在弦上，情勢非常緊張。

　　唐昭宗因為不願被宦官控制自己的生死大權，於是他和宦官頭子楊復恭之間的鬥爭愈演愈烈。大順二年（西元891年）九月，唐昭宗封賜給楊復恭大將軍的職位以便讓他離開朝廷。復恭心中憤怒萬分，以生病為藉口不接受詔旨。十月，皇帝下詔讓李順節率禁兵討伐楊復

恭。楊復恭在楊守信等手下將兵的保護下逃出京師，一邊抵抗後面追來的大敵一邊趕緊前行，一路逃到通化門，又往漢中方向逃竄，在漢中孤注一擲，招兵買馬起兵反抗昭宗，最後當然是戰敗而亡。李順節在討伐楊復恭的鬥爭中英勇作戰奮勇殺敵，戰功赫赫，使得龍顏大悅，於是仗勢欺人，出入常把兵杖帶在身邊，以顯威風，宦官西門君遂和劉景宜考慮到自己的利益，懼怕其勢力的膨脹會危及自己的官位，便勸諫昭宗剷除順節，昭宗也深有同感，害怕順節有朝一日作奸犯上，便與西門君遂、劉景宜暗中謀劃了計策，暗殺李順節，宦官軍與李順節之軍激戰一天，打的是難分難解，直至晚上才將其平定。百官見戰敗了李順節，紛紛上表道賀，昭宗龍顏大悅，改元景福。但是，西門君遂又成了宦官的首領，宦官專權一直未徹底根除。

一波未平一波又起，宦官專權的問題還未有一個完滿的解決，外臣作亂的局面又出現了。先是景福元年（西元892年），隴西郡王李茂貞與割據一方的節度使狼狽為奸，因為節度使楊守亮曾收容楊復恭，於是他便上表奏請討伐他，並求加官銜「山南招討使」。昭宗因為擔心李茂貞得山南之地勢力膨脹對朝廷構成威脅，先是拒絕他的請求，後來因為受脅而被迫答應，且把李等一連升遷幾等。由此，李茂貞、王行瑜等節度使更是為所欲為，恃強淩弱，動不動就對昭宗大呼小叫，目中無人，他們實際上操縱了唐朝的生死大權。乾寧元年（西元894年）七月，李茂貞打算劫持唐昭宗到鳳翔，而王行瑜打算劫昭宗到邠州，兩人誰也不肯讓步，兵劍相視，節度使王行實棄郡打入京師，並燒殺搶掠，無惡不作，京師亂作一團，昭宗於大亂中渾水摸魚逃走，逃入終南山，重用諸王李知柔為宰相兼京兆尹，重新啟用李克用，讓他監視太原行營兵馬的使用情況，對王行瑜的叛亂行為進行討伐。

八月，李克用連戰連捷，行至渭北，轉攻邠寧。十一月，王行瑜

帶著其家眷部屬五百餘人狼狽出逃，逃至慶州，王行瑜被部下所殺。李茂貞得知此事後驚恐不已，上章引咎自責。唐昭宗擔心李克用依仗強勢欺主妄為，不許出兵抵抗。

接下來，握有重兵的朱全忠、李克用、李茂貞等人，為了一己之私互相殘殺，連年混戰，百姓處在水深火熱之中。他們為了爭奪昭宗，以此來「挾天子以令諸侯」。故而昭宗就如同一顆棋子身不由己，空有一個皇帝的名稱罷了。有時候甚至被囚禁沒有人身自由，當皇太子李裕取代他之後，他連傀儡都不如了。

各方激戰，朱全忠憑藉著有力的軍隊戰鬥力將別的幾股勢力一網打盡，成為左右了昭宗。天復三年（西元903年），朱全忠劫持昭宗回長安，大肆屠殺了宦官七八百人。朱全忠野心勃勃，為了徹底讓更多的人聽命於他，又大肆殺害監軍，除了在節度使保護下的河東監軍張承業等少數人得以幸免外，其餘監軍全部被殺，於是宮中的大小事情都在他的控制之中，左、右神策軍和所屬八鎮歸親信崔胤，更為殘忍的是他還把依附李茂貞和宦官的大朝官都趕盡殺絕，自此整個朝廷的官員全是朱全忠的黨羽。朱全忠的專權程度已達到令人髮指的地步。

朱全忠在朝廷上作威作福，為所欲為，使得百官對他恨之入骨，宰相崔胤本也是靠巴結朱全忠才在相位上安然無恙的，但當唐昭宗被朱全忠完全控制以後，他為了給自己留一條後路，以防將來有什麼變故，就積極地擴充自己的實力。天復三年，唐昭宗同意崔胤招募精壯之士六千六百人來作為朝廷的驍勇之兵。這件事被朱全忠聽說以後，便派自己手下的壯士前去應徵，所以崔胤加緊強兵、備戰抵抗朱全忠的事情，都被朱全忠瞭若指掌。

天祐元年（西元904年）初，朱全忠暗中指使其手下殺死崔胤，又把裴樞、柳璨封為宰相。朱全忠把軍隊駐紮在河中，下令手下寇彥卿拿著自己的奏章恭請昭宗遷都洛陽。他強行命令長安百姓和居民跟著

昭宗一起遷過來，很多人安土重遷，不願服從，引起了軒然大波，還沒有一個月。朱全忠怕昭宗會臨時改變主意，便偷樑換柱，將昭宗左右的親信大臣全換成自己的左膀右臂。當唐昭宗在陝州短時間駐紮的時候，偷偷地派人向西川王建、淮南楊行密、河東李克請求前來營救。昭宗被遷洛陽的事情被李克用、李茂貞、王建等聞之後，對朱全忠企圖篡奪皇位的野心看在眼裡，於是招兵買馬大舉進兵，以匡復唐室為己任，打算起兵討伐朱全忠。朱全忠打算讓昭宗徹底消失，不留給人們接他回去的機會。於是，八月，朱全忠就命親信朱友恭、蔣立暉將唐昭宗殺害，時年三十八歲。群臣上諡曰「聖穆景文孝皇帝」。次年二月二十二日，安葬在和陵。

舞動政事波瀾──笑看唐朝後宮

大度仁厚的長孫皇后

　　人們常說：一個成功的男人背後總是站著一個偉大的女人。那我們就來看看陪伴李世民左右的是一個怎樣的女人，或許這個不為人知的女人才是歷史上真正應該被歌頌的風流人物。她的歷史功績或許往往被人們所忽略，殊不知在她美麗動人的面孔下，其實隱藏著被人難以發覺的精明幹練、絕世才華……。

　　唐太宗可以取得天下，開創一片盛世，不僅要依靠他手下的眾多武將謀臣，更與他落落大方的妻子長孫皇后的鞭策是分不開的。

　　長孫皇后出生在官宦世家，從小就接受了一整套正統的封建教育，於是養成了正直善良、知書達理、賢淑溫柔的品性。曾在她還小的時候，就有一位卜卦先生預測她的命運「德合無疆，履中居順，坤載萬物，貴不可言」。

　　在長孫氏只有十三歲的時候就已經嫁給了當時擔任太原留守的李淵的第二個兒子，年僅十七歲的李世民做媳婦，別看她年齡小，但是已能盡行婦道，全心全意伺候公婆，過上相夫教子的生活，年幼的長孫氏是一個相當稱職的小媳婦，非常會討丈夫和公婆的歡心。

　　李世民是一名少年英雄，從小就文武雙全，十八歲的時候就勇敢地單槍匹馬衝入敵人陣營裡把身陷重圍的父親救了出來；在他二十歲的時候就有了王者的風度，能做到禮賢下士，不惜錢財廣泛結交天下豪傑；二十一歲那年跟隨父親李淵在太原起義，李世民親自率領大軍攻下隋朝的都城長安，協助李淵登上了天子寶座，建立了大唐王朝。李淵登基後，李世民獲得秦王的封號，奉命負責遏制關東的兵馬，沒用幾年時間，李世民就率領大軍消除了中原地區的割據勢力，使大唐

江山完成了統一。唐高祖為表彰李世民的功勞封他為天策上將，權位遠遠在其它王公大臣之上。然而在李世民南征北戰期間，長孫王妃作為一名女子仍然緊緊追隨著丈夫四處征戰，照料他的生活起居，使李世民在充滿殺戮的戰場能感受到一種清泉般溫柔的慰藉，從而促使他在征戰中更加精力充沛，所向無敵。

在李世民因戰功赫赫被封為天策上將後，享有的權力更大了，能夠擁有自己的一套官署，他所統轄的地區就像一個小朝廷，當然這些離不開他麾下的那些猛將和謀臣，當時他手下的武將有程咬金、李世績、秦叔寶、翟長孫、尉遲恭等驍勇善戰的大將；文臣則有許敬宗、杜如晦、房玄齡、蔡允恭、虞世南、褚亮、姚思廉、李玄道、薛元敬、顏相時、蘇勖、薛收、于志寧、陸德明、蘇世長、李守素、孔穎達、蓋文達等「十八學士」。李世民擁有這樣賢臣如雲、勢力蓋天的局面，當然令他那位貪酒好色、毫無建樹的大哥太子李建成心中不安，因為對李世民猜疑和嫉妒，李建成夥同三弟李元吉計劃謀害同胞兄弟李世民；但是在陰謀實施前被李世民手下的謀士發現了，李世民迫於無奈，在謀臣房玄齡和大舅子長孫無忌的勸告下，終於痛下決心對自己的手足下手了，「玄武門之變」除掉了太子李建成和齊王李元吉。沒過多久，李世民就被李淵立為太子。其實在唐太祖李淵的心中也非常賞識他的二兒子。長孫王妃對於這種骨肉相殘的局面原本是極力反對的，但在這種不是你死就是我活的局面下，她一個女子只能維護自己丈夫的安全。

在武德九年的八月，李淵禪位給太子李世民，李世民也就成了唐太宗。同時長孫王妃也成為母儀天下的長孫皇后，正好應驗了當年卜卦先生預測她「坤載萬物」的話。長孫氏成為身份尊貴的皇后之後，並沒有因此就自恃尊貴，而是一如既往地保持著溫柔賢良的美德。對

於已經退居二線的老公公李淵，她仍舊是十分孝順而細心地侍奉，每天早晚一定去請安，並經常提醒太上皇宮中的侍女應該如何照顧他的生活起居，儼然像一個普通的兒媳那樣事事想得都很周到。每朝皇帝都是後宮佳麗三千，爭風吃醋的現象總是難以避免。然而，長孫皇后對待後宮的妃嬪卻非常寬容，她並沒有為自己爭得專寵，反而經常勸李世民要做到雨露均霑，正是因為長孫皇后的大度，唐太宗的後宮裡很少出現不睦的事情，這在歷朝歷代都是非常罕見的。前朝隋文帝的獨孤皇后雖然也可以把後宮治理得井井有條，但是她依靠的是獨裁的政策和手腕。而長孫皇后卻不同，她只是憑藉著自己的端莊善良，就已經無言地感化和影響了整個後宮的氛圍，使唐太宗可以專心處理朝廷大事而免受後宮俗事的干擾，因此唐太宗對她十分佩服呢！

由於長孫皇后的行為端直有道，唐太宗也就對她十分敬重，經常與她談起國家大事，但是長孫氏知道分寸，認為男女應各司其職，從不對國家大事發表意見。但是唐太宗堅持要聽她的意見，她就說：「臣妾只知道居安思危和任賢納諫而已。」她從來不提出具體的實施措施去局限太宗。她相信太宗手下的賢臣一定會給太宗最好的建議。因此長孫皇后也得到眾大臣的愛戴和擁護。長孫皇后對自己的子女要求很嚴格，從不讓他們因為是皇子或皇女而驕橫跋扈。

貞觀八年，長孫皇后和太宗去九成宮遊玩，路上感染了風寒，又引發了舊疾病情日漸加重，就這樣拖了兩年，後在立政殿辭世。當時她只有三十六歲，去世之前囑咐唐太宗要善待眾位賢臣，不要讓外戚佔據重要位置，並且葬禮一切從簡。然而，唐太宗並沒有完全按照長孫皇后的意思去籌辦葬禮，他為長孫皇后建築了氣勢雄偉宏大的昭陵，聖明的唐太宗只是想以這種方式來表達自己對愛妻的懷念與敬慕。

　　長孫皇后憑藉她無私的行為和賢淑的品性，不僅得到了唐太宗及宮內外瞭解她的人的敬仰，而且為後世奠定了賢妻良后的典範，她的小兒子唐高宗尊封她為「文德順聖皇后」。

女「魏徵」──唐太宗的徐妃

　　徐惠從小就冰雪聰明，生下來剛剛五個月的時候就可以開口講話，並且口齒十分清晰伶俐。四歲時，徐惠就能口誦《論語》、《毛詩》等一些當時書堂男子學習的文章。徐惠八歲的時候就比同齡的孩子優秀很多，能夠寫出文思流暢、頗有文采的好文章，表現出的天賦超乎尋常。

　　意識到女兒的與眾不同，徐考德就對女兒的文學才能進行了重點的培養，經常會讓她閱讀經史子集方面的書籍，來豐富她的知識。徐惠自己或許也是秉承父志，非常喜歡讀書，經常因為讀書而忘記吃飯，甚至連走路的時候都捧著書。過人的天賦再加上倍於常人的勤奮，使徐惠年幼時就已經有了非常淵博的知識。

　　傳言，父親徐孝德曾經叫她擬《離騷》為〈小山篇〉，她沒有多加思考就擬到：「仰幽岩而流盼，撫桂枝以凝想； 將千齡兮此遇，荃何為兮獨往！」這篇文章立意新穎，著實表現出了徐惠在文學上的高深造詣。徐惠小小年紀能夠做出這樣有文采的文章，就連她的父親也是十分驚訝，當唐太宗聽說這件事以後，也感到徐惠非同一般，非常欣賞她知書善文的才華，於是就下詔書把徐惠召入宮中伴駕，封她為才人，那個時候徐惠才十一歲。

　　這個徐惠不僅文章做得好，並且擅長駢賦，做詩也是雅俗共通。因此她常常在閒暇時間寫詩，來表達自己的一些思想，抒發一下自己的內心感受。憑藉著過人的才華，她受到了唐太宗特別的寵愛。她所做的詩基調比較歡快，在豔麗的辭藻中透露出自珍自愛的情感，其中在《全唐詩》卷五記載了徐妃的詩作五首，現在錄了其中三首於下：

賦得北方有佳人

由來稱獨立，本是號傾城。

柳葉眉間發，桃花臉上生。

腕搖金釧響，步轉玉環鳴。

纖腰宜寶襪，紅衫豔織成。

懸知一顧重，別覺舞腰輕。

長門怨

舊愛柏梁臺，新寵昭陽殿。

守分辭芳輦，含情泣團扇。

一朝歌舞榮，夙昔詩書賤。

頹恩誠已矣，覆水難重薦。

妝殿答太宗

朝來臨鏡臺，妝罷暫徘徊。

千金始一笑，一召詎能來？

　　要是說起徐妃做的這篇〈妝殿答太宗〉，還有一段故事。在長安
的崇聖寺中有一座賢妃妝殿，有一次太宗到此遊玩，突發奇想，就派
人去召喚徐妃到這裡來共同遊樂，但是過了很長時間徐妃還是遲遲未
到，作為皇帝的李世民非常生氣。細問之下才明白，原來徐妃是在為
了博君一笑精心打扮，故而姍姍來遲，於是也沒有多加責備。而徐妃
有感而發，就寫下這首詩。

　　除此之外，徐妃還有一首很有氣勢的詩賦，甚至可以和當時的詩
人們相媲美。

　　秋風函谷應詔

秋風起函谷，勁氣動河山。

偃松千嶺上，雜雨二陵間。

低雲愁廣隰，落日慘重關。

此時飄紫氣，應驗真人還。

在唐代那個詩歌繁盛的黃金時代，詩人真是多如牛毛，就連在幽閉深遠的皇宮裡，也出了像徐妃這樣難得的女作家，徐妃以上所做的四首詩，以及前面的〈小山篇〉，已經全部證明這個結論的正確性。

唐太宗非常欣賞她「揮毫立成，辭藻優美」的才學，所以，徐妃很快就被升為婕妤，不久，又被升為充容。根據唐朝的制度規定：皇后的下面，有貴妃、淑妃、德妃、賢妃，是為夫人。昭儀、昭容、昭媛、脩儀、脩容、脩媛、充儀、充容、充媛，是為九嬪。由此可見，這時候的徐妃已經列入了九嬪的行列，地位明顯地提高了。

之所以說徐妃是「女魏徵」，主要是因為徐妃勇於進諫，在國家大事上也給予了太宗很大的幫助。

雖然說唐太宗作為一名封建皇帝，在位時曾經頒佈了一系列利於百姓的法律、法令，因此才出現了「貞觀之治」這樣史無前例的盛世局面。但是，世上沒有完人，所以唐太宗也一定會有他的局限。晚年的李世民好大喜功，為了追逐名利對外頻繁地發動戰爭，有戰爭就需要人力、物力、財力作為保障，這必然會加重黎民百姓的負擔。因為這件事，徐妃就利用一切可以利用的機會勸說太宗，極力勸阻他對外發動戰爭。在貞觀二十二年春天的時候，碰上唐太宗出遊玉華宮，徐妃就借機上疏太宗，指出近年來頻繁的戰爭、勞役這雙重大山已壓迫得百姓不能喘息，太宗東征高麗，西討龜茲，再加上建造翠微、玉華等豪華宮室，致使士兵和馬匹在戰爭中疲乏，船隻、車輛來來往往忙於運輸，一定會造成田園的荒蕪，糧食出現短缺，同時也給太宗敲了一個警鐘：「百姓生活的痛苦、疲乏都是農民叛亂的導火線，一旦百

姓不能忍受時，一定會起來反抗。」希望唐太宗可以適當減少兵役、勞役，讓百姓可以有休養生息的時間，來發展生產，振興家園。

唐太宗李世民在位期間，很少興建離宮和別館，這當然是因為他吸取了隋煬帝滅亡的教訓，但是與徐妃的勸諫也不能說毫無關係。在勸諫書中，徐妃勸說唐太宗要實現無為而治，不要大興土木。她說：「如果招募工匠來大興土木的話，勢必會給百姓帶來很多的困擾，致使他們不能安心務農，養育家人，如果皇帝能夠給他們便利，讓人民自由耕作，而不是常常役使他們，那麼普天之下就會平安無事了。五穀豐登，天下太平，人民自然而然會歡天喜地、高高興興地生產，安居樂業。唐太宗最終接受了徐妃所提的建議。

徐妃本人非常痛恨那些玩物喪志的人，所以她在給太宗的上疏中表明，珍玩技巧是造成國家淪喪的根本原因。珠光寶氣，是令人迷惑心智的毒藥。如果珍玩珠寶在民間大肆風行的話，勢必會敗壞淳樸善良的民風。她還給唐太宗舉例說明：「商紂王就是因為迷戀玉器，最後致使國破家亡。」所以，她說：「做皇帝應該提倡節儉的作風，而不能沉迷於奢華，應該要給後人留下可以治國的法制、原則和良策，讓人們都順從，這樣大唐王朝一定會更加強盛，永遠立於不敗之地。」

徐妃所做的這篇將近千字的疏文，文章內部結構嚴謹，言辭懇切，論據有力，真實感人。所以《新唐書》、《舊唐書》都記載了這件事，並且在《舊唐書》將原文留了下來。自從大諫臣魏徵去世後，貞觀晚年中敢於直諫的大臣就要數褚遂良、馬周最為著名了。但是，縱觀歷史遺跡，馬周、褚遂良因為忙於輔佐李治，擔任宰相以後，政治地位就發生了改變，直諫的行為也不像以前那樣多了。相比之下，作為後宮的妃嬪能夠關心政事，敢於直諫，可見徐妃的行為是多麼難能可貴了。

　　唐太宗對於徐妃的進諫大為讚賞，給予了她非常豐厚的賞賜。她的父親也因此被提升為水部員外郎。

　　因為徐妃為李氏王朝做出的巨大貢獻，唐太宗給了她非常高的榮譽。徐妃對唐太宗的知遇之恩，也是心存感激。唐太宗在貞觀二十三年去世後，徐妃也因為思念太宗，因此憂勞成疾，並且病情越來越重。但是她卻不允許醫生來診治，她曾經充滿深情地對與她比較親近的人說：「我這樣做的原因，就是想能夠早日死去，如果世上真的有魂靈的話，就讓我可以日夜侍奉在太宗身邊。太宗待我寬厚仁慈，就算做牛馬我也是心甘情願的。這就是我此生最大的心願。」 她還作了一首詩及連珠來表達她對太宗深厚的感情。

　　在永徽元年的時候，徐妃與世長辭，終年只有二十四歲。等到唐高宗繼位以後，認為徐妃為人賢德，於是，下詔追諡號為「賢妃」。徐妃死後，遵照她的遺願被葬在昭陵，使她可以永遠陪伴在太宗身邊。

專權蠻橫的韋皇后

　　西元六八三年，唐中宗李顯登上帝位，第二年，韋后就被立為皇后。但是在同一年，李顯就被武則天廢黜帝位，搬遷到今天的湖北房縣，韋氏一直伴隨在他身邊。一直到西元七○五年，中宗再次稱帝。每次上朝的時候，韋后都要掛一個簾子坐在大殿上，想要瞭解政事。中宗延續任用曾經為武則天做過掌文書的昭容（宮中女官）上官婉兒負責撰述詔令，並且立武三思為丞相。那麼當時的李家王朝就形成一個以韋氏為首領的武、韋專政集團。武三思借助韋后以及她的愛女安樂公主，誣賴並且陷害當初把中宗扶上帝位的張柬之、敬暉等很多正直的功臣。中宗卻不分青紅皂白，輕易地相信韋后和武三思所言，並且只要誰敢揭發武、韋二人的醜行就會處以極刑，武三思也因為權傾朝野，就開始作威作福。

　　其實，韋后之所以變成這樣，也是因為受到武則天打壓的結果，她也曾經受盡苦難。在西元西元六八四年五月二十三日，在從均州通向房陵的鄉間大道上，有幾輛馬車在緩慢地行駛著。在第一輛車上乘坐的是一位青年男子，他的面容憔悴，目光呆板，好像是有重重的心事和無盡的哀愁。這個男人就是唐中宗李顯。在武則天成為歷史上第一個女皇帝後，她的兒子李顯就被迫退位，並且慘遭幽禁於皇宮中一處冷落的庭院中。後來，又接連被流放到遠離京城的南方。這個時候，正是李顯在流放的途中。他望著一望無際的碧綠的原野，深深感受到這片充滿盎然生機的土地和自己的心境是那樣的不協調。他的妻子韋氏就坐在後面的車輛中。一想到自己的妻子，李顯就滿心愧疚。韋氏是在中宗任太子時被納為妃的，然後又在嗣聖元年被立為皇后。

一榮俱榮，一損俱損，隨著中宗被廢，她也同樣遭到貶黜，跟隨前往房陵。韋氏剛剛為中宗生了個女孩，身體還非常虛弱，在旅途中車子的不斷顛籬更增加了她的痛苦。因為韋后在途中突然生產，什麼東西都沒有來得及準備，於是，李顯和韋氏只好用他們自己的衣服把這個女孩裹起來，並為這個女孩起名為「裹兒」。這個不知人事的孩子沒有和父母一樣痛苦得難以入眠，而是常處於熟睡之中。在韋氏所在車子的後面還有幾輛車，分別乘載著他們已經長大一些的孩子，奴僕和一些生活用品。李顯和韋氏在到達房陵以後就安心定居下來。但是他們在房陵被貶期間，武則天曾多次派遣使臣前去探望他們夫婦。

可是每當知曉使臣要到來的消息，李顯總是身心懼怕，心神不寧，甚至想要自殺。韋氏反而表現得比較豁達，她常常勸李顯說：「福禍總是相伴隨的，世事總會發生變化的，為什麼總要想到去死呢？其實您完全用不著如此害怕。」李顯和韋氏就是這樣每天過著相依為命的生活，夫妻二人在房陵一起度過了十多年困苦的生活，這也讓夫妻間的感情日漸深厚。每當夜幕降臨，繁星點綴天空的時候，李顯總會遙望星空，回憶起當年皇宮中悠閒富貴的太子生活。於是，他向韋氏作保證，一旦有一日重登帝位，一定讓韋后各方面生活得快快活活。就是因為和中宗這一段相依為命的生活才造就了韋后一手遮天的局面。

由於朝中的老臣狄仁傑經常勸武則天要顧及母子之情，吉頊、李昭德等大臣也經常談起讓中宗李顯復位，同時又因為武則天已是七十多歲的高齡，並且體弱多病，她也常常想起遠在他鄉的兒子李顯。於是，在西元六九八年，李顯又重新被迎回到宮中，韋氏也跟隨中宗返回。在李顯剛剛回到宮中時，武則天對外保密，並且他被武則天隱藏在一個大帳子裡。

在大臣的一致要求下，李顯被隆重接回皇宮。後來武則天離世，

李顯再次登上帝位，韋后又成為皇后。接著朝廷就成為了韋氏王朝。

西元七〇七年夏天，山東、河北等二十多個州又發生了旱災，餓死、病死的百姓人數已達千人。但是，面對百姓的困境，中宗和韋后不以為然。韋后對中宗說：「我們都已經受了十多年的苦難，現在就是要過無憂無慮的天子生活了。」在韋后的一再慫恿下，在中宗登基當年的十一月，他們二人就一起到洛陽城南門樓欣賞了潑寒胡戲。當時的天氣非常嚴寒，北風凜冽地吹著，北方的胡人裸身揮水，舞蹈自由自在。中宗和韋后穿著輕裘，從早上一直玩到晚上，不知何為疲倦。

夫妻二人一直過著享樂的生活，在神龍三年的二月，中宗和韋后又約近臣們一起登上玄武門的城樓，觀看宮女們聚會飲酒。韋后還是覺得不熱鬧，於是又請求中宗命令宮女們左右分隊，互相鬥毆，來決出勝負。他們還調派宮女去開辦集市，命令百官公卿假裝商人去進行交易，因為買賣不公而發生爭議，大臣和宮女們互相指著鼻子辱罵，言詞猥褻。中宗和韋后看了此場景卻是開懷大笑。

西元七〇八年元宵節期間，中宗和韋后脫掉龍鳳袍，換上百姓的衣服，帶領眾大臣們混雜在長安市民中間，一起在化度寺門前的大街上欣賞花燈。在這一夜，中宗還遵從韋后的意見，放出了幾千名宮女一起去看燈，結果有一半以上的宮女有去無回。之後，中宗、韋后和各位公主又去金城（今天的陝西興平），一起在梨園球場欣賞了拔河比賽，遊宴桃花園，又遊賞了櫻桃園，後來還到了隆慶池，進行結綵張燈，玩起了泛舟戲樂的遊戲。中宗和韋后真是苦盡甘來，真正嘗到了當天子的快活。中宗和韋后到處遊玩，並且，中宗處處都聽從韋后的，致使朝政更加腐敗。

中宗第二次登基沒多久，就答應了韋后的要求，追封韋后已死去的父親韋玄貞為王。對此，大臣賈虛以不合祖宗之法的理由表示反對

說：「異姓的人從不封王，自古就是如此。並且皇上剛剛復位，就去大封後族，會在天下面前失信的。」因為依照朝廷的規定，只有和皇帝同姓氏的人才可以封王。但是，中宗對於賈虛的話根本聽不進去。這時候的中宗，只是記住了以前他曾經許諾過的話：只要韋后快活，要求任何事都可以。

中宗所立的太子李重俊因為不是韋氏所生的，因此遭到韋后的極度厭惡；韋后的愛女安樂公主以及她的丈夫武崇訓（武三思的兒子）更是經常羞辱李重俊。於是，李重俊在神龍三年七月發動一部分的御林軍殺死武三思和武崇訓，並且想要謀殺了韋后和安樂公主，後來又因為隨從的御林軍倒戈相向，政變失敗以後，李重俊被殺死。而武、韋集團權勢依舊不減當年。

後來臨淄王李隆基（後來的唐玄宗）和太平公主（武則天的女兒）聯合發動禁軍攻入宮城，殺死韋后、上官婉兒、安樂公主及諸韋子弟，逼迫少帝退位，立自己的父親相王李旦（李隆基父）為帝，就是唐睿宗。韋后之亂，也就至此結束了。

不貞不順的貞順皇后

因為武惠妃的父親武攸止很早就去世了，所以她從小就在宮中長大。等到李隆基登上皇位後，對這位武氏更是相當地寵愛。在開元十二年玄宗廢除了正室王皇后的后位，就冊封武氏為惠妃。由於玄宗對她的寵愛有加，所以宮中所有人都以皇后的禮節來對待她。她的母親楊氏以女為貴被冊封為鄭國夫人，兄弟們也因此受益，弟弟武忠和武信分別被封為國子祭酒與秘書監。

剛開始，武惠妃生下了三個孩子，悼王李一、懷哀王李敏和上仙公主。這三個孩子天生就長得非常可愛，但是全部夭折了，玄宗對此十分傷心。後來武惠妃又生了壽王李清，因為害怕孩子會再次夭折，玄宗就命令他的兄長寧王李憲抱養李清，並讓寧王妃元氏來親自哺乳。後來李清不僅健康長大，而且各方面都讓父母很滿意，後來又改名為李瑁。武惠妃后來又相繼生下盛王李琦、太華公主、咸宜公主。這個李瑁作為武惠妃與玄宗的第一個兒子，深受玄宗的疼愛。後來，李瑁又收到了這位皇帝父親送上的兩個「大禮」：第一個是，他被冊封為壽王，娶了不滿十七歲的楊玉環為妃。因為當時他的母親武惠妃正受皇寵，因此小倆口大約過了五年的恩愛生活；第二份大禮就是他的皇帝父親李隆基因為貪戀自己媳婦的美色，就讓楊玉環效仿武則天先出家後從寺院裡改嫁。玄宗為了彌補李瑁，就先賞賜了魏來馨作他的側妃，後來又將王公大臣的千金韋柳青封為壽王妃。

在武惠妃生前，可以說達到了寵冠六宮的境界，唐玄宗對她的寵愛長盛不衰，並且一直想立她為皇后。但是御史潘好禮上奏章表示說由於武惠妃的遠房叔公武三思和遠房叔父武延秀曾經都是擾亂綱紀的

人，受到世人的厭惡；並且在當時玄宗所立的太子李瑛並不是惠妃的親生兒子，假使武惠妃自己的親生兒子李瑁已經成年，那麼立武惠妃為皇后的話，難保她不會因為私心動搖太子的地位。玄宗聽了這番話後，就沒有再提立惠妃為皇后的事情。

皇帝後宮佳麗三千，爭風吃醋是難免的事。其實，玄宗在寵幸武惠妃之前，曾經寵幸過趙麗妃、皇甫德儀和劉才人，並分別和她們生下太子李瑛、鄂王李瑤、光王李琚。但是，後來因為武惠妃獨佔隆寵，這三個妃子也就被李隆基忘卻了。俗話說：子不嫌母醜，狗不嫌家貧。就算母親不受寵，也是李瑛、李瑤、李琚的生母。於是，他們兄弟常為自己的母親不得寵而心中不快，生有怨言。武惠妃的女兒咸宜公主的駙馬楊洄揣摩到了武惠妃的心意，知道她想為自己的兒子爭奪皇位，於是，就每天觀察太子李瑛犯了什麼錯誤，然後就向武惠妃報告說李瑛的壞話。於是，武惠妃就聽信了楊洄的話向玄宗哭訴說太子私自結黨營私，想要謀害武惠妃母子。唐玄宗聽後震怒，馬上就想要廢除李瑛太子之位。擔任中書的張九齡就以驪姬、江充、賈南風和獨孤皇后等人的故事勸諫玄宗不能隨便廢太子，於是，這件事算是勉強平息了。

不久，張九齡辭官歸鄉，李林甫取而代之。這個李林甫是個阿諛奉承的小人，於是就去揣摩武惠妃的心意，經常在她面前說壽王的好話，武惠妃便就對他另眼相待。到了開元二十五年的四月，楊洄依然不忘時常向武惠妃誣陷三位親王，並且說他們三個私自和太子妃薛氏的兄長薛鏽共同謀劃想要造反。於是，武惠妃就設下計謀，派人去請三王入宮，說是皇宮中有反賊，想要請求他們幫忙平反，然而他們沒有任何防備就答應了。武惠妃接著又去玄宗面前搬弄是非說：「太子要跟另外兩個王爺謀反了！並且他們已經穿著鐵甲進宮了！」玄宗立即派人去察看，卻發現果真如此，於是就找宰相李林甫商議如何解

決。李林甫卻說：「這件事是陛下您自己的家務事，不是臣等可以干預的。」玄宗就立即下定決心，一定要廢三王為庶人，並且把薛鏽賜死。不久，這三位被貶為庶人的王爺全部被害，天下人都為他們感到無比冤枉。

但是，自從武惠妃陷害三親王以後，宮中就經常出現一些奇怪的事。有一次武惠妃宮裡的一名宮女在值守夜班時驟然間大聲驚叫，然後就昏厥了，在醒來以後就說看到了三個男鬼，武惠妃聽說後自然而然就聯想到了冤死的三親王。為了掩人耳目，防止謠言四起，武惠妃就以宣揚歪邪之風的緣由，把這名宮女處死了。但是，從此以後武惠妃就因害怕成疾，一場大病使之臥床不起。為了尋求心安，武惠妃就請巫師在夜裡為三王做法、又為他們改葬，甚至想到用處死的人來給他們進行陪葬，但是武惠妃的病依然沒有任何起色。武惠妃最後抑鬱而死，死的時候才三十八歲。但也奇怪，她過世以後，那些鬼魂作祟的事也很自然的消失了。但是不能不說，唐玄宗對武惠妃那是相當寵愛並且偏心的。雖然因為鬧鬼的事件，他已經多少心裡明白武惠妃是做了虧心事，但是他依然沒有減輕對她的愛念，所以對她的死表現得極其悲傷。並且頒發了一道詔書追封武惠妃為后，就這樣武惠妃就以「貞順皇后」的名分和尊榮埋葬到了敬陵。

唐玄宗面對這樣一個利用讒言殺死了自己三個兒子的女人，雖然沒有按照皇后的禮儀發喪，但是仍然給了她皇后的名分，並且滿腦門子的裝著「貞」、「順」一類的詞彙，讓人百思不得其解，如此看來，那些冤魂們注定是要失望了。

唐玄宗的癡情妃──梅妃

　　梅妃的父親江仲遜是一位滿腹才華很有情趣的秀才，並且對醫術非常精通，有懸壺濟世的美名，是他們家鄉一帶頗有名望的儒醫。江家的家境非常富足，只有江采蘋一個孩子，但是並沒有因為江采蘋是個女孩，就認為斷了江家的香火而表現出不高興，相反的是非常寶貝她，一家人都將其視為掌上明珠。早就在江采蘋剛剛懂事的時候，不知什麼原因就對梅花如癡如醉，深切瞭解女兒性情的江仲遜毫不吝嗇，到處尋訪各種梅樹種滿了自家的房前屋後的所有空地。每當深冬臨春的季節，滿庭院的梅花就會相繼開放，玉蕊瓊花點綴枝頭，一縷縷暗香在小院中浮動，冷豔動人，就好像一個冰清玉潔、超凡脫俗的神仙世界。年幼的江采蘋就陶醉在梅花叢中，一會出神地凝視著，一會又聞著梅香，整天整夜陶醉在梅花叢中，不畏嚴寒，不知疲累。就這樣，江采蘋在梅花的薰染下漸漸長大了，在她的品性中深深烙下了梅所特有的氣節，氣度高潔嫻靜，性格堅貞剛強，剛中帶有柔美，美麗而又善良；再配上她出落得超乎常人的容貌、苗條頎長的身材，給人的感覺就是一株亭亭玉立的梅樹。

　　由於梅妃生長在書香門第，所以她的父親自小就教她讀書識字、吟詩作畫，江仲遜曾經這樣向友人誇讚自己的女兒：「我們家的寶貝雖然是女兒身，但是志向遠大。」在唐朝時期人們的思想已經比較開放，而且江仲遜又是一位開明的秀才，所以，在那個重男輕女的時代對自己的女兒寄予厚望是不足為怪的。江采蘋確實沒有辜負父親的期望，九歲的時候就能夠背誦大本的詩文，成年以後，就已經能寫一手清新秀麗的好文章，曾經作有〈梨園〉、〈蕭蘭〉、〈梅亭〉、〈叢

桂〉、〈破杯〉、〈鳳笛〉、〈剪刀〉、〈綺窗〉等八篇賦文，在他
們家鄉廣為人們傳誦和稱讚。除了詩文以外，江采蘋對棋、琴、書、
畫也是樣樣精通，尤其擅長吹奏極為清越動人的白玉笛，表演輕盈靈
巧的驚鴻舞，是一位才貌雙全的絕世女子。

其實，說起梅妃真是挺可憐的，但是後宮的女人哪個不是可憐
人，說她可憐是因為她是作為唐玄宗在失去武惠妃以後的心裡慰藉而
入宮的。唐玄宗所最寵愛的武惠妃去世後，整天悶悶不樂。於是太監
高力士就想找人排解一下玄宗心中的煩惱和孤獨感，於是就到江南遍
訪各路美女，結果最後就在福建的莆田縣發現了一個蕙質蘭心的女
孩，她就是後來的梅妃──江采蘋。

自從江采蘋被高力士選入玄宗的後宮以後，就深受到玄宗的寵
幸。她身著淡裝雅服，姿態明媚秀麗，風韻神采無人可比，什麼樣的
畫筆都無法描繪。她在詩文方面頗有才華，是個不可多得的大才女。
因為她酷愛梅花，所以居住的地方到處都遍植梅樹，每到梅花盛開的
季節，就開始賞花戀花，甚至流連忘返，唐玄宗就給她一個昵稱為梅
妃，有時候又戲她稱為「梅精」。唐玄宗曾經對她寵愛至極，對後宮
的其它妃子根本視而不見。江采蘋天生性情孤高自傲，眼裡揉不了沙
子，但是又有出淤泥而不染的高潔，完全不會為了紅顏之事去爭風吃
醋，她擅長作書寫文章，經常把自己比作東晉的才女謝道韞。

但是十年河東十年河西，就算梅妃再有才華，再美麗動人，也抵
不住男人的花花心腸。楊玉環的到來使得一向清高自傲的梅妃漸漸失
去了聖寵。楊貴妃為了防止梅妃威脅到她的地位就想方設法把梅妃貶
到了冷宮上陽東宮。在梅妃得蒙聖寵的時候，各地官員都為了討取皇
上歡心爭相進獻梅花。有一次，梅妃聽到了外面有驛馬快速奔跑的聲
音，於是，詢問侍兒可是有人送梅花來了？但是如今，大家都只是忙
著給楊貴妃送新鮮的荔枝，誰還會記得那個曾經受寵一時超乎常人的

梅妃江采蘋呢？皇帝本就沒有長情，梅妃江采蘋禁不住淚流滿面，真是應了那句話：只見新人笑，不見舊人哭。於是，她就想起了漢代長門宮關於陳阿嬌的故事，那個陳阿嬌曾經花費千金來買司馬相如的一賦，於是，梅妃就效仿陳阿嬌拿出千金來請求高力士找人寫賦呈給皇上，讓皇上迴心轉意。可是這個時候，所有的人都在討好楊貴妃，這個高力士也不例外，於是就找各種理由加以推脫。江采蘋萬般無奈只好自己寫了一首〈樓東賦〉獻給唐玄宗。當唐玄宗看了這篇賦以後，雖然心裡也略微受到觸動，但是也只是悄悄派人賞了梅妃一斛珍珠就了事了，梅妃看到這種情況，傷透了心，於是寫下了一篇〈謝賜珍珠〉，後來並將詩和珍珠一塊送還給了唐玄宗。唐玄宗讀完文章後內心悵然不樂，於是，命令樂府為此詩譜上了新曲，曲名為〈一斛珠〉。

　　在安祿山發動叛亂後，唐玄宗沒有來得及帶上已經失寵的梅妃江采蘋就自己出逃了。不久以後，長安城陷，梅妃最後死在亂兵的手上。唐玄宗後來回歸長安以後，就尋求到了梅妃的一張畫像，後來就滿懷傷痛的親自題了一首七絕詩。後來唐玄宗在溫泉池畔的梅樹下發現了梅妃的屍體，發現脅下有明顯的刀痕，最後，唐玄宗就以妃禮安葬了梅妃。

　　梅妃──一代清新麗人才女將梅花的清雅脫俗和孤傲高潔融入靈魂，生命的盡頭卻是如此不幸，真是「薄情帝王，癡情女」。

令「六宮粉黛無顏色」的楊貴妃

西元七一九年，楊貴妃出生在蜀州，父母為她取名為楊玉環。當時，她的父親在任司戶一職，生活過得也不錯。

玉環兄弟姐妹眾多，她是家中最小的一個，又因她從小乖巧懂事，長得也是水靈動人，所以深得她父母的寵愛。可惜，天有不測風雲，就在楊玉環十歲那年，她的父母不幸亡故，最後，玉環被她的叔父收養。

楊玉環的叔父把她當成自己女兒那般疼愛，除了悉心照顧她的生活起居外，對於玉環的教育也是格外的重視。到了後來，楊玉環又隨著自己的叔叔遷到了當時比較繁華的都市洛陽。

自唐玄宗登基以後，他曾去東都洛陽巡視了五次。在他第五次巡視時，想為他非常寵愛的兒子壽王選妃。聽說有一個叫楊玉環的女子，不僅受過很好的家庭教育，更是有閉月羞花之美貌，而且多才多藝，知書達理。於是，楊玉環就被當時的寵妃武惠妃相中，被封為壽王妃。

婚後不到一年，壽王便帶著楊玉環返回了長安。楊玉環對於自己的丈夫壽王比較喜歡，和他在一起的日子也是十分快樂，而壽王也被玉環的才情和美貌所傾倒，兩人天天琴瑟和鳴，小日子過得自在瀟灑，甜蜜幸福。

而唐玄宗雖然是唐朝歷史上一位傑出的皇帝，但同時他也是一位有名的風流君主。他平生喜歡音律，好歌舞，生活上也是極度奢靡。

西元七三六年，寵妃武惠妃得病而死，當時已經年邁的唐玄宗受不起這個沉重的打擊，變得神志不清，茶飯不思，精神上也沒有了依

靠，臉上也沒有往日的笑容，整整三年的時間，唐玄宗一直都是鬱鬱寡歡，沉浸在失去武惠妃的痛苦之中。

當時的宦官高力士看到唐玄宗的狀態是十分著急，他知道唐玄宗心裡是怎麼想的。他也知道，遍天下網羅美人也並非難事，可是如果要找到和當年武惠妃風姿不相上下的美人，就是難比登天了。高力士日思夜想，最後竟然把主意打到了唐玄宗的兒媳楊玉環身上。

唐玄宗一向對玉環是疼愛有加，他很欣賞楊玉環的溫順可人，更是對她傾城傾國的美貌有所迷戀。所以當高力士向唐玄宗提出可以讓壽王妃楊玉環進宮陪伴一些時日的時候，唐玄宗並沒有阻攔，反而欣然應允。

西元七四〇年十月，唐玄宗在他的驪山溫泉宮見到了自己的兒媳——當時的壽王妃楊玉環。這天，只見玉環邁著輕盈腳步走進宮殿，姿態典雅，身形優美動人，再看玉環明媚如花，柳眉杏眼、秋波盈盈、千嬌百媚；她那曼妙的身姿，高貴的神態，典雅的氣質；香肌玉膚，舉手投足間風韻無限。好一個風華絕代，美憾凡塵的天生尤物啊！唐玄宗沉醉在了楊玉環的美貌裡，在他的眼中好像楊玉環出落得更加美豔出眾、如花似玉了。頓時，唐玄宗的心情好了很多。

與楊玉環告別後，唐玄宗回到自己的寢宮裡，雖然從失去武惠妃的痛苦中走了出來，卻又陷入了對楊玉環的相思之情裡。她的倩影和音容笑貌，都在他的腦海中揮之不去，恨不得楊玉環一步都不要離開他的身邊。

所以，唐玄宗就找了一個藉口，以為自己的母親「永存追福」的理由，命令楊玉環在太后的忌日上作為女道士，代替唐玄宗為自己的祖母盡孝道。壽王妃楊玉環心中雖然不願，但也只好忍著心頭的痛苦，與和自己深愛的壽王揮淚告別，遵從唐玄宗的旨意去做了一名女道士。

時間就這樣過去，轉眼間楊玉環已經做了近五年的女道士。隨後便被唐玄宗一道聖旨正式冊封為楊貴妃。

從此之後，唐玄宗就沉浸在了楊玉環的美貌和她那輕盈的舞姿當中，再也不理會朝政，一時間，楊貴妃寵冠後宮。

楊貴妃對鮮花特別地喜愛。有一回，因荷塘中的白蓮長得比較繁茂，唐玄宗和楊貴妃便特地邀請一些皇親國戚一起觀賞。每個人都相互讚賞著白蓮的漂亮清麗，純潔可愛。而唐玄宗卻指著楊貴妃對身邊的大臣們說，「白蓮再怎麼美麗，也比不上我的這枝花的萬分之一啊！」聽了唐玄宗的話，大臣們也都跟著附和，楊玉環更是笑顏如花，高興不已！

而每到十月，唐玄宗便帶著楊貴妃到華清宮避避寒，在那裡住上個十幾天。甚至唐玄宗為了讓楊貴妃在那裡可以盡興地玩耍，還三次命人擴建驪山行宮，大興土木。也有傳說，就連唐玄宗他們遊樂所用的小船都是用白香木製作而成的，小船的顏色是用銀粉刷漆而成，哪怕是楫櫓也是用上好的珠玉裝飾的，並且他們還讓人在湯泉中造出各種各樣的假山，以供他們玩耍嬉戲。

楊玉環一人受寵，全家都跟著沾了光。楊玉環的幾個姐姐都被唐玄宗冊封為了夫人，就連跟他們不是很近的堂兄也都變了樣。一時之間，楊家是風光無限。到了天寶十一年的十一月，唐玄宗竟然還任命楊玉環的堂兄楊國忠為宰相，真的是寵極一時啊。

晚年的唐玄宗早已經荒廢了朝政。他任用奸相楊國忠，對其還十分信任，並且他還寵信一個胡人安祿山，殺害忠良，聽信讒言，這個時期的政治那是相當腐敗，社會政局自然也開始動盪。最終，因為唐玄宗的昏庸而親手造就了毀滅性的災難「安史之亂」。

西元七五五年十一月，胡人安祿山發動了「安史之亂」，這使得繁榮昌盛的大唐逐漸地走向了滅亡。安祿山率領的這支軍隊勢如猛

虎，洛陽和長安也是相繼淪陷。

　　西元七五六年的一個早晨，已經有七十一歲高齡的唐玄宗帶著楊貴妃、高力士等一些親兵，在幾千人的禁軍的護送下逃離長安。第二天，唐玄宗等人行至馬嵬驛。所有的將士們都已經饑腸轆轆，再加上天氣炎熱，將士們心中升起了怨恨，他們一致認為造成這次事件的罪魁禍首就是楊玉環的堂兄楊國忠，所以將士們都不願再向西前行。這時，陳玄禮便對各位將士說：「現在天下動盪不安，朝政混亂，就是因為楊國忠這個奸詐小人欺壓百姓、打擊忠良造成的，如果我們不把他處置掉，給天下蒼生一個交代，怎麼能平息這次戰亂呢？」將士聽了陳玄禮的一番話，都認為有理，所以就跑去把楊國忠抓起來，亂刀砍死，最後還把他的頭顱掛在了西門外。

　　唐玄宗對於外面的將士們的吵吵嚷嚷甚是奇怪，並不知道外面發生了什麼事。這個時候有一位將士來稟報，說把楊國忠給殺了。唐玄宗大吃一驚，但是也並沒有給他的將士們任何的責罰，只是讓他們回到隊伍裡去，可是並沒有人聽從他的命令。陳玄禮對唐玄宗說：「楊國忠這個奸詐小人引起了這起事件，被我們給殺了，但是他的堂妹楊貴妃已經不能再伺候陛下了。」唐玄宗聽了這句話，大驚失色，甚至因為震驚而渾身顫抖，他怎麼樣也沒有想到，楊貴妃會讓將士們這麼痛恨。一想到楊貴妃其實從不干預朝政，想到楊貴妃的清白無辜，更是想到自己與貴妃的情投意合，恩愛有加，玄宗就心痛難忍，他不願把楊貴妃交出來。而宦官高力士也知道，要想救唐玄宗，楊貴妃唯有一死。於是他便勸說唐玄宗：「貴妃雖然沒有什麼罪過，但是，將士們已經把她的堂兄給殺了，如果還讓貴妃繼續留在您的身邊，將士們怎麼能不擔心自己的安全呢？只有貴妃一死，才能保證您的安全。」

　　唐玄宗很是無奈，他在高力士的攙扶下，慢慢地走到楊玉環的面前，一代君王在將士們的面前竟然流下了眼淚，他伸手抱住楊貴妃。

楊貴妃也自知自己的期限已到，也痛哭流涕，不捨地看著唐玄宗。唐玄宗聲音沙啞地說道：「希望你死後能夠善地投生。」唐玄宗對於人死升仙一直深信不疑。

這是最殘酷的告別，兩個相愛的人要眼睜睜地看著對方死去，沒有比這更殘忍的事情了！

楊貴妃與唐玄宗話別一番，拿起高力士手中的羅巾，弔死在了梨樹下，終年三十八歲。

獨得唐憲宗寵愛的杜秋娘

　　西元八〇六年，杜麗才十五歲，就因為美貌和文采被鎮海節度使李錡以重金把她買入府中作為歌舞伎。但是杜秋娘並不滿足於只是表演別人已經編好的節目，而是自己譜寫了一曲〈金縷衣〉，並且情感飽滿地唱給李錡聽：「勸君莫惜金縷衣，勸君惜取少年時；花開堪折直須折，莫待無花空折枝。」這首詩正好合了李錡的心境，於是立即就決定把她納為侍妾，並為杜麗改名叫杜秋娘。

　　唐德宗駕崩以後，李誦繼位成為順宗，但是僅在位八個月就退位給兒子李純，也就是唐憲宗。唐憲宗想要削減節度使的大權，李錡極為不滿，於是舉兵反叛，但是在戰亂中被殺死，杜秋娘就落得入宮為奴，但是仍然是當歌舞姬。有一次宴會杜秋娘為憲宗聲情並茂地表演了《金縷衣》，憲宗被其深深地感染。於是，兩人雙雙陷入了愛河，不久，杜秋娘就被封為秋妃。杜秋娘不僅是憲宗的寵妃，而且還成為了他的機要秘書，杜秋娘依靠女人的柔情和寬容填補了憲宗年輕氣盛、容易浮躁的缺點，憲宗經常和她討論國家大事，二人一起過了十幾年相親相愛的日子。進宮作了秋妃的杜秋娘深受憲宗的寵愛，她的一顰一笑，一言一舉，都別有一番風味，使年輕的憲宗深深沉醉其中。二人在春暖花開時，雙雙徜徉在山媚水涯間；在秋月皎潔時，又時常泛舟高歌在太液池中；午夜人跡稀少的時候，二人共同訓練鸚鵡學宮詩；在冷雨淒淒的夜晚，兩人坐在燈下對弈一直到深夜。兩人相處時情深意摯，就像當年的楊貴妃與唐玄宗的翻版。不過，與那縱情放蕩的楊貴妃相比，杜秋娘又略高一籌，她不僅能做到和憲宗共用人間歡樂，而且還能夠參與一些重要的軍國大事，用她的聰慧和才智，

為皇夫分憂解難。由於唐憲宗執政初期，對藩鎮採取了很多打壓措施，以致紛紛引起了藩鎮大臣的不滿。

後來，番邦犬戎大舉侵犯大唐的邊境，憲宗對藩鎮採取了寬柔政策，不但成功抵禦了外來的威脅，而且保證了本土的安寧，使唐室實現了中興。憲宗的態度能夠及時轉變，除了吸納大臣的建議以外，重要的因素還是因為秋娘的枕邊風作用，她用一顆女性特有的柔愛之心，感化了鋒芒畢露的唐憲宗。在國家太平昌盛以後，手下的大臣就勸諫唐憲宗要用嚴刑酷法來治理天下，以防異族的再度動亂，這建議非常符合憲宗的性格；但是秋娘聽見了就說：「一個真正的王者實施政治，靠的是德行不是嚴厲的刑罰，怎麼能捨棄效仿文帝和景帝，而去效仿秦始皇父子呢？」杜麗娘見識深遠，合情合理，使唐憲宗不得不信服，也就採納了她的意見，決定靠德政來治天下。秋娘陪伴在唐憲宗的身邊，彷彿既是愛妃、玩伴，又是一個認真負責的機要秘書，幾乎侵佔了憲宗的整個身心，使憲宗對後宮其它佳麗無心顧及。等到國家逐漸進入平定昌盛時期後，宰相李吉甫曾經好意勸說唐憲宗可以再選一些天下美女來充實後宮，他說：「天下已經平定，陛下也應該為自己的生活安樂著想一下。」那時唐憲宗還不到三十歲，然而，憲宗卻得意地說道：「對我來說有一個秋妃就已經足夠了！」

不料，元和十五年，憲宗突然不明緣由地死在宮中，曾有人傳言說是內侍弘志蓄意謀殺弒主，但由於當時是宦官專權，此事就不了了之了。

唐憲宗死後，二十四歲的太子李恒在宦官馬潭等人的擁護下即位為唐穆宗，並改元為長慶。這個時候，已經進宮十二年的杜秋娘，雖然年齡已經三十開外，但是在宮廷中的聲望依然頗高，而且受到朝中重臣的敬服，因此皇帝的更替，政治的改革風暴，並沒有影響她在宮中的地位，在一些重要的軍國大事上，唐穆宗還時常要聽取她的意

見。再後來，杜秋娘被派遣為穆宗的兒子李湊作保姆，專門負責皇子的教養任務，杜秋娘自己沒有孩子，因此便把一腔慈母的愛全部傾注到李湊的身上。然而，唐穆宗李恒卻是一個好色荒淫無道的皇帝，登基以後，就沉迷在聲色遊樂當中，藩鎮接連發生叛亂，「河朔三鎮」再次失守，他對此都充耳不聞。已經做了保姆的杜秋娘在這個時候，也只能置身事外了。

在長慶四年的時候，年齡尚不滿三十歲的唐穆宗竟又不知緣由地一命嗚呼了。於是年齡僅十五的太子李湛繼位成為唐敬宗，改元為寶曆。然而這位小皇帝只是貪玩，性格暴躁，尤其喜歡擊毬的遊戲和在深夜裡捕捉狐狸，天天領著一群宦官伴臣四處遊蕩，一點不安分，還時不時地要一耍小皇帝的脾氣，總是毫無理由地將身邊人痛打一頓，對國家大事根本不上心。在寶曆二年臘月，唐敬宗深夜狩獵回宮後，又和宦官劉克明以及擊毬將軍蘇佳明等一群人在大殿上酣飲。一直喝到深夜，在唐敬宗入室更衣的時候，殿上燈火突然被一陣狂風所吹滅，等到再點亮時，人們才發現小小年紀的唐敬宗已經被殺死於內室，那時他還只有十七歲。

緊接著朝廷發生內亂，身為樞密使的王守澄和宮內宦官內外相勾結，合力保舉前皇帝唐敬宗的弟弟江王李昂入宮稱帝，即位為唐文宗。因為文宗年幼不懂事，致使朝廷的實權落在了一幫居心不良的宦官大臣手中。

這時候，李湊已經被封為漳王。杜秋娘眼睜睜地看著李家皇帝輪番被宦官所殺，又一個個在宦官操縱下成為傀儡皇帝，心中憤懣不平。於是，經過杜秋娘的悉心調教，漳王李湊養成了膽識過人，不畏強權的個性，並且立志要作一個有成就的君王。

眼看時機已經成熟，經過杜秋娘的周密籌畫以及朝中宰相宋申錫的密切配合，企圖一舉殲滅王守澄的宦官勢力，廢掉傀儡皇帝，把李

湊推上皇帝的寶座。但是無奈宦官的耳目遍佈各處，雖然杜秋娘的計劃非常隱秘，但是仍然被王守澄察覺到了一些蛛絲馬蹟。不過好在並沒有什麼把柄落在他們手上，名不正自然不能嚴加處置，但結果李湊還是被貶為庶民，宋申錫被貶為江州司馬，而杜秋娘也因此被也削籍為民，放她回歸故鄉，至此結束了她將近十幾年的「折花」歲月。

自古以來女子的命運大多掌握在別人的手中，但是出身微賤的杜秋娘，卻勇於憑著自己的智慧向命運發出挑戰，獲得了一段輝煌的人生歷程。

馳騁疆場──戰馬上的雄鷹

傳奇人物秦叔寶

　　提起秦瓊大家可能有點陌生，但是說起秦叔寶，都會非常熟悉，其實秦瓊就是秦叔寶，只是秦叔寶這個名字早已家喻戶曉，因為他和尉遲恭是我們家家戶戶的守護門神，秦叔寶最初的戰功是跟隨在隋朝大將來護兒的帳下取得的，而在歷史上傳說的隋唐好漢當中，按能力能排在秦叔寶名前的好漢也只有來護兒一人，當然來護兒不是虛構的而是確有其人，由於秦叔寶英勇善戰所以格外受到來護兒的賞識。當秦叔寶的母親去世時，來護兒親自派人前來弔唁，眾人感到十分奇怪：「在戰場上發生士兵陣亡和士兵的至親去世，都是非常普遍的事情，將軍向來不會親自過問，為什麼這次單單對這個只是小親兵的秦叔寶格外禮遇呢？」來護兒對此的回答是：「秦叔寶這個人無比勇猛強悍，並且有遠大的志向和高尚的節操，日後一定能夠位居人上，成就一番大業，怎麼能用對待卑下的態度去對待他呢。」在隋朝衰落的末期，身為隋煬帝的楊廣對內奢靡浮華，對外長年征戰，繁重的兵役、徭役逼得農民求生無門。在日漸腐敗的統治下，農民起義也掀開了轟轟烈烈的序幕。後來秦叔寶被轉到擔任齊郡通守的張須陀帳下，靠鎮壓農民起義而起家。在西元六一四年十二月，張須陀率軍進攻盧明月的起義軍，那時，秦叔寶還不滿十七歲。

　　當時的情形是「敵眾我寡」，張須陀率領的手下僅有一萬多人，然而起義部隊的大軍卻有十多萬人，兩軍對峙了十幾天後，張須陀所率領的部隊眼看就要彈盡糧絕，但是戰況卻仍然沒有好轉，於是愛兵如子的張須陀就去徵求眾人的意見說：「如果我們假裝撤兵，敵人看見一定會傾巢出動，全力追擊，那時他們的大營一定會兵力空虛，那

麼只用一千人去偷襲敵營，就一定可以成功，但是即使設想再周密這項計謀也是兵行險招，十分艱險，有哪位將軍願意去擔當此重任？」大家都看著對方，但是無人敢擔此重任，眾將領中只有秦叔寶和羅士信英勇接戰，上前接下令狀，當時的羅士信應該只有十五歲，英雄出少年，二人聯手出擊，正是處在初生牛犢不怕虎的年齡。張須陀以計行動，扔下營帳就撤退了，然後秦叔寶和羅士信二人分別率領一千多人埋伏在路邊的荒草叢中，靜待時機。盧明月果然中計率領軍隊去追趕張須陀，秦叔寶和羅士信就帶著伏兵直接撲上義軍營寨，但是對方營門緊閉，秦叔寶和羅士信就攀柵而上，儘管敵人刀槍齊下，二人就用佩刀進行抵擋，翻越高高的柵欄，乘勢攻入營寨，他們乾淨俐落，很短時間就解決了數十人，然後打開營寨大門，讓隋軍得以進入，然後跟著四處放火，一共焚燒了義軍多達三十多個營帳，一時間烈焰衝天，整個天空都被映紅了，盧明月眼看情勢知道中計了，趕緊班師回救，卻為時已晚，張須陀也借勢回軍勇猛衝鋒，敵軍部署徹底被打亂了，面對激烈的戰勢，盧明月只能帶領數百騎進行突圍，其餘的軍隊全部作了隋軍的俘虜，經過這次戰役，秦叔寶就在天下揚名，威震四海。

接下來，秦叔寶又跟隨了張須陀平定了許多義軍，並且每次都會立下戰功，在和孫宣雅激烈的海曲對戰中，他起到先鋒作用，第一個爬上城樓，很快就打敗了首領孫宣雅，然後攻破叛軍。然後被隋朝封授建節尉這一職位，在史書上記載這是秦叔寶的第一個正式官職。無奈腐敗的統治使天下形勢已經一發不可收拾，義軍總是散而復合，越殺只會越多，也就注定了大隋忠臣張須陀難以逃脫的悲劇命運。在西元六一六年，張須陀在和瓦崗軍李密在大海寺決戰時，隋軍中了李密的埋伏，被義軍團團包圍，身為統帥的張須陀本來已經突圍了包圍圈，但是眼見部下們無法突圍，於是返回去營救他們，在千軍萬馬的

戰場中四進四出，最後力竭戰死，以身殉國。有人稱張須陀為鎮壓農民大起義的劊子手，說他雙手沾滿血腥，但是依照正史而言，他實在是一個大好男人，他的忠貞不屈、英勇壯烈的精神讓人深受感動、潸然淚下。據史料上記載的內容，自張須陀戰死後，他的手下好長時間沉浸在悲痛中。那次戰役後，秦叔寶就率領殘餘軍隊投靠了另一名隋朝大將裴仁基，一直聽從裴仁基的調遣與指揮。

在西元六一七年四月，裴仁基在和瓦崗軍作戰時失利，索性就投降了李密的瓦崗軍，這樣一來，自然秦叔寶也就成了瓦崗軍李密手下的將領。李密雖然家世高貴，家族世代都是顯宦，但不是人們想像當中那種手無縛雞之力的貴公子，在唐人的史料當中記載，他曾經和翟讓靠比試箭法來決定誰來領導瓦崗軍。他們比試的方法是，在箭靶的正中央寫上一個「王」字，而在「王」字中間那一橫和一豎的交點就是所謂的靶心，誰要是射中了靶心就是最後的贏家，軍師王伯當就故意將筆劃寫得特別細，以此來增加比試的難度。然而這個李密不慌不忙地拿起弓箭，輕輕鬆鬆射中了靶心，如願以償地坐上了瓦崗軍大當家的位置。在瓦崗軍中，李密對秦叔寶和程知節兩位大將十分看重，他親自挑選了瓦崗軍中八千名最為勇猛的士兵組成了「內軍」，分別為左右兩軍，讓秦叔寶和程知節分別進行統領，其實這個軍隊是李密專門為自己成立的親衛隊，李密曾經對眾人誇下海口說，「我這八千人可以抵得上百萬大軍」，在李密看來，秦叔寶在瓦崗軍中是最勇猛、武藝最精絕的將軍。

後來，瓦崗軍也因為和宇文化及大戰失利，李密撇下大軍投奔唐朝，秦叔寶和程知節在萬般無奈的情勢下，歸順了奸雄王世充。秦叔寶在王世充這裡得到了高官厚祿，被封為龍驤大將軍，但是很快就見識到了王世充的為人。程知節曾對秦叔寶說，「王世充為人心胸狹窄，又老是逼別人詛咒發誓，就活像一個巫婆神漢，他生性狡猾，不

可能成為可以讓天下歸心的明主，我們跟著他是不會有出路的」，秦叔寶對他的話深表贊同，下決心離開王世充，另尋明主。這個時候，李淵父子已經是威名遠振，並且出師以來一直是勢如破竹，秦叔寶和程知節心中十分傾慕，就決定到大唐去實現建功立業的夢想。於是就在西元六一九年二月，當王世充軍與唐軍在河南九曲交戰時，秦叔寶和程知節就假裝是向唐軍進攻，結果就一去不回了。把王世充鼻子都氣歪了。後來秦叔寶就跟隨在李世民左右，立下了汗馬功勞，並且幫助李世民登上了皇位。在李世民即位後，秦叔寶就不再出戰。從此之後，身體就非常虛弱，老是生病。

最後在西元六三八年，秦叔寶因病去世，被追贈為徐州都督，並和尉遲恭一起陪葬在長孫皇后的昭陵，在墓前還雕刻了石人、石馬，以此來彰顯他生前顯赫的戰功和高超的武功，在貞觀十三年的時候，唐太宗又改封秦叔寶為胡國公，並且把秦叔寶列入淩煙閣二十四功臣之一，秦叔寶從此青史留名。

「王佐之才」李靖

　　李靖出生在官宦之家，父李也是隋朝官員，一直做到趙郡太守。李靖長得儀表堂堂，英俊魁梧。因為受家庭因素的影響，從小就學習「文武才略」，而且非常有進取之心，他曾經對他的父親說：「作為大丈夫一旦遇到識才的君主，一定會建功立業，求取榮華富貴。」他的舅舅韓擒虎是隋朝的名將，每次和他一起談論兵事時，都拍手稱絕，並拍著他的肩膀對他說：「可以和我討論孫、吳之術的人，只有你了。」李靖首先擔任了長安縣的功曹，後來又擔任殿內直長、駕部員外郎。即使他的官職卑微，但是，他的才幹卻在隋朝公卿之中頗為有名，擔任吏部尚書的牛弘曾經稱讚他有「王佐之才」，隋朝的大軍事家、左僕射楊素也曾經指著坐床對他說：「你理所應當坐在這裡！」

　　西元六一八年五月，李淵破隋建唐稱帝，二兒子李世民被冊封為秦王。為了平定那些四分五裂的割據勢力，李靖跟隨秦王東進，一舉平定了已經在洛陽稱帝建號的王世充，因為軍功而被授權建立府邸。從此以後，李靖也開始初試鋒芒。當進攻王世充的戰役打響不久後，一直盤踞在江陵的後梁蕭銑政權派遣舟師沿江而上，企圖奪取唐朝峽州的巴、蜀等地，結果被擔任峽州刺史的許紹所擊退，於是，就退守安蜀城以及荊門城地區。為了殲滅後樑蕭銑這一強大的割據勢力，唐高祖李淵調派李靖趕赴夔州去消滅蕭銑。李靖收到命令以後，率領數幾十個戰士去赴任，然而在經過金州時，恰好遇到蠻人鄧世洛率數萬人積聚在山谷間，盧江王李瑗進行討伐，但是卻接連失敗。於是，李靖為盧江王出了良策，一舉打敗了久攻不下的蠻兵，並且抓獲了許多

俘虜。接著就順利地通過金州，到達峽州。這個時候，因為蕭銑控制著險塞之處，因此行動再次受阻，遲遲不能通過。

　　然而，這時候，李淵卻以為他故意滯留不前，企圖貽誤軍機，就下了秘密詔令讓許紹將他處死。幸虧許紹愛惜他的才能，勇於為他請命，才使他免於一死。不久以後，開州的蠻人首領冉肇則背叛唐朝，率兵進攻夔州，但是郡王李孝恭率唐軍出戰接連失敗，於是李靖率領八百士卒突襲敵軍營壘，大破蠻兵。然後又在險要的地方佈下伏兵，一舉戰勝叛軍而殺死肇則，俘獲俘虜達五千多人。當捷報傳遞到京師時，唐高祖非常高興地對大臣公卿說：「我曾聽說過使用有功之人不如使用有錯之人，果然很有效。」於是立即頒下璽書，慰勞功臣李靖說：「愛卿竭盡全力，理應受到表彰。你的忠心我已經明白，你以後的榮華富貴不用再擔心了。」李靖的精誠至忠，最終博得了李淵的信任，改變了以往對他的成見，並且親筆給李靖寫信說：「以前的事我已經忘了。」

　　西元六二五年八月，突厥頡利可汗率領十萬餘人越過石嶺，大舉進犯太原也就是李淵的老家，唐高祖急了，馬上命李靖為行軍總管，率領一萬多江淮兵堅守太谷，和并州總管任瑰等人合力迎擊敵人。但是由於突厥來勢洶洶，致使諸軍迎戰都失敗了，任瑰軍隊甚至全軍覆沒，只有李靖一支軍得以保全。不久以後，又調任李靖擔任靈州道行軍總管，並抗擊東突厥。

　　武德九年的八月，唐太宗李世民剛即位沒幾天，突厥頡利可汗就乘唐朝皇帝更替之時，率領十幾萬精銳騎兵再次進攻涇州，並且長驅直入，率兵到達渭水便橋的北面，並且不斷地派精騎進行挑戰，還派他的心腹執失思力入朝，以查探虛實。由於當時徵調的各州軍馬還沒有趕到，長安市民能拿起兵器打仗的人也不過只有幾萬人，形勢相當危急。在這種情況下，太宗曾經冒險親自到達渭水橋，與頡利可汗結

成盟約，突厥才答應退兵。完事後，太宗就升任李靖為刑部尚書，不久又轉任為兵部尚書。因為他作戰屢戰屢勝，又賜他實封四百戶。

不久以後，東突厥的國內又發生了變亂，以前屬於迴紇、薛延陀、拔野古諸部接連叛離，又恰好遇上暴風雪，羊馬死亡很多，因此發生了饑荒，族人紛紛分離。西元六二九年八月，唐太宗接納了代州都督張公瑾的意見，決定主動進攻東突厥，命令兵部尚書李靖擔任定襄道行軍總管，張公瑾為副，發起了轟轟烈烈的軍事攻勢。又任命華州刺史柴紹、并州都督李、靈州大都督薛萬徹等為各道總管，率領十幾萬人的軍隊，分別出擊突厥。

貞觀四年的正月，寒風凜冽，李靖帶領三千精銳騎兵，不顧嚴寒，從馬邑向惡陽嶺進發。頡利可汗沒有預料唐軍會突然來襲，於是兵將各自顧各自的，全部驚慌失措。他們由此判定：假如唐兵不是傾國而來，那麼李靖絕對不會孤軍深入，於是「一日數驚」。李靖探聽到這一消息後，密令間諜離間突厥的心腹，他的親信康蘇密前來唐朝投降。李靖立即進攻定襄，在夜幕的掩護之下，一舉攻進城內，俘獲了隋齊王楊暕的兒子楊正道以及原煬帝的蕭皇后，頡利可汗倉皇之餘逃往磧口。李靖因為立下軍功被晉封為代國公，賞賜帛六百段及各種名馬、寶器等。太宗得意地對大臣說：「當年李陵依靠五千步卒進攻沙漠，然後在匈奴淪為奴隸，他的功勞應該被記錄在竹帛上。李靖今天率領三千騎兵，射殺敵人攻入定襄，自古以來從未有過，足可以雪渭水的恥辱！」

在李靖順利進軍的同時，李也率領大軍從雲中出發，和突厥軍在白道遭遇。唐軍拼盡全力衝殺，把突厥軍打得四散逃離。頡利可汗一敗塗地，損失嚴重，於是退守鐵山，收集到的殘兵敗將，卻只有幾萬人馬了。

頡利可汗可謂到了山窮水盡的地步，他派心腹執失思力入朝投

降，請求依附於唐朝，並表示願意歸順入朝。其實，他內心還是有叛變心理，只是為了贏得時間，以求得苟延殘喘的機會，等到兵肥馬壯的時候，再佔據大漠以北，然後捲土重來。

唐太宗派遣鴻臚卿唐儉等前去進行安撫，又命令李靖率兵迎接頡利可汗入朝。李靖率兵到達白道後，與李商議說：「頡利雖然戰敗，但是實力仍然存在，如果再次佔據漠北，依附九姓，並且道路遙遠，再殲滅恐怕難上加難。今天詔使在我們手裡，他們心必定會放鬆，如果選擇一萬精騎，帶上二十天的糧草去襲擊，不用太費力就可以取勝。」商議確定後，就率領大軍連夜出發，李隨後出發。

當李靖率軍到達陰山周圍時，遇到突厥十幾萬大軍，一舉殲滅並俘虜，命令他們和唐軍一起出行。這個時候，頡利可汗見到了唐使臣，逐漸放鬆了戒備。李靖命令前鋒蘇定方率領兩百餘騎乘著大霧天氣，悄悄進發，直到距離主帳還有七里遠的地方才被察覺。彷彿驚弓之鳥的頡利可汗慌忙騎馬逃命，突厥軍也向各處逃去。李靖率領大軍隨後趕到，一共殺敵達一萬多人，俘虜達到十幾萬人，繳獲牛羊數目達到十萬隻（頭），並殺死了隋朝的義成公主。頡利可汗率領一萬多人想要到大漠的北邊，然而，在磧口受到李的阻攔，不能向北逃去，他們的大酋長已經率眾投降了。不久以後，頡利可汗就被大同道行軍總管任城王李道宗俘獲，並被送到京師。東突厥從此徹底宣告滅亡了。

東突厥的滅亡，李靖可以說是功不可沒，然而，是人都會老死。西元六四九年，李靖因為病情惡化，唐太宗親自前往病榻慰問。他看到李靖病危，痛哭流涕，十分傷心地對李靖說：「你是我今生的朋友，對國家有功勞，現在看你病成這樣我非常擔心。」在這年的四月二十三日，李靖去逝，享年七十九歲。

猛將軍尉遲恭

　　唐太宗李世民登基後，為了讚揚那些曾陪自己征戰沙場的開國元勳們，特意在長安城樹立了一座巨大的紀念塔——凌煙閣。把那些有突出功勞的二十四個謀臣或將才的畫像陳列在凌煙閣上。在這二十八個功臣群像中，既有魏徵那樣的相才，又有李靖那樣的將才，同時還有像尉遲敬德那樣的猛將；如果說李靖靠的是統籌大局、決勝千里的指揮才能而位居凌煙閣群像之列，那麼像尉遲敬德這樣的猛將則是靠忠貞不二的赤子之心。

　　尉遲恭因小時候家貧，所以沒有讀書，目不識丁，但他的長相卻非常奇特：臉如黑炭，兩眼血紅如噴火，身材比常人高大、腰圓膀闊，所以，村裡人看見都怕他，背後叫他「尉黑塔」。等到年齡大一些，尉遲恭為了養家糊口開始以打鐵為生。但村裡的姑娘都因為他窮，樣子長得又粗魯，所以誰也不願嫁給他，因此尉遲恭到二十一歲還是光棍一條。

　　尉遲恭所處的年代是隋朝末年，政治統治黑暗，貪官污吏數不勝數，百姓生活在水深火熱中。尉遲恭再也無法忍受這種不合理的現象，一怒之下，帶領一幫人到山上當強盜去了。

　　有一天，尉遲恭聽他手下的小嘍囉彙報，說山下有一樁大買賣。於是二話不說，集結了一班兄弟，自己隨手拿起兩根總重一百二十斤的鋼鞭。一躍跳上馬背，用他們強盜的黑話喊：「扯風開船。」帶領隊伍就出發了。

　　其實山下的這樁買賣既不是糧草也不是金銀，而是一個大戶人家娶媳婦，迎親隊伍不識相的吹吹打打經過尉遲恭的山寨。尉遲恭正好

缺一個媳婦，一聽說是娶媳婦，就對手下大喝一聲：「都瞧我的！」然後騎馬直奔花轎而去。迎親的隊伍一看見強盜來了，嚇得全部扔下東西就跑了，尉遲恭揭開新娘的蓋頭一瞧：這新媳婦還是一個罕見的美人兒！非常高興，高聲招呼手下的小嘍囉：「兄弟們，把新娘子給大哥抬上山去，好好慶賀！」於是，這個被搶來的大戶人家的媳婦，就成為了尉遲恭的壓寨夫人，後來又成了赫赫有名的唐朝大將軍的貴夫人。

在隋朝末年，天下形勢混亂，各地割據勢力四起，劉武周也成了氣候，稱了帝定了國號，劉武周覺得尉遲恭是一員虎將，於是拉攏他一起入夥並封他為將軍。可是時間長了尉遲恭覺得劉武周只是為了自己的享樂，不是為了天下百姓，跟著他成不了氣候，就想找機會脫離他。

西元六一九年，劉武周攻入李淵的發家之地太原。當時已做皇帝的李淵聽說以後非常驚訝，因為太原是他的根據地，一旦失去那麼長安會很危險。當李淵束手無策時，李世民主動請纓收回太原。李淵給他三萬精兵去收復失地。李世民率領三萬精兵渡過黃河後，以後發制人、堅壁固守的戰略，大敗劉武周的手下大將宋金剛，屍體綿延二百里。眼見劉武周形勢落沒，尉遲恭和另一位將軍尋相投奔了李世民。李世民初見尉遲恭，就覺得這個黑臉彪形大漢是一員戰將，而尉遲恭同樣也覺得這個僅僅十九歲英氣逼人的秦王絕不是等閒之輩，因此，二人都有相見恨晚的感覺。於是，李世民任命尉遲恭擔任將軍兼右一府統軍，讓他繼續統帥自己的人馬。

然而，沒過多久，與尉遲恭一起投降李世民的尋相準備借機逃走。所以李世民手下的諸將都擔心尉遲恭也會和尋相一樣逃走，都勸李世民趁早把尉遲恭殺掉。但是李世民卻說道：「我好不容易才得到一員良將為什麼要殺呢？」但是以唐軍大將屈突通為首的將領們為了

以防萬一，就先把尉遲恭逮捕起來了，然後對李世民極力諫言說：
「人心叵測，特別是像尉遲恭這樣的陣前降將，更加不可以信任，現
在尉遲恭已被抓捕，請秦王依法處置。」

李世民聽到這些話後勃然大怒：「東漢的光武帝能把自己的一顆
心交給別人，所以才能在河北站穩根基。現在將心比心，敵人也可以
成為朋友。如果敬德有叛變的想法，他早在尋相之前就叛變了，現在
他還留在我的軍營裡，就足以說明他的忠心。」對眾將說完這些話
後，李世民到帳外親自給尉遲恭鬆綁，之後，又把尉遲恭請進屋裡，
非常誠懇地說：「他們都是意氣用事，希望你不要介意。」說著，又
拿出一包黃金遞給尉遲恭說：「人生在世只是為了情義二字。將領們
都勸我殺了你，可是我不會那樣做，如果你一定要離開這裡，那這些
金子就送給你做路費吧，也不枉費你我英雄相惜的情分。大男人嘛！
來去明白。」

尉遲恭聽了秦王的一席話，非常受感動，痛哭流涕對秦王下跪
道：「大王您待人如此寬厚，我怎麼能不誓死效力？我萬萬不敢接受
此饋贈的。」從此，尉遲恭就為了李世民而開始了出生入死，身經百
戰的生活。我想這樣說並不過分：李世民的大唐江山以及李世民的性
命，都是依靠尉遲恭這樣的大將才得以平安。而李世民就是用他這種
以誠待人的君子氣度吸引了不少好漢投入他的帳下，為穩固大唐江山
立下了汗馬功勞。

西元六二〇年，李世民受命攻打佔據洛陽的王世充。沒過多久就
把洛陽圍困了。有一次，李世民和尉遲恭率五百人察看軍事地形，沒
想到遇上了王世充率領一萬餘騎兵偷襲，李世民被大軍團團圍住。王
世充手下的大將單雄信一看見李世民，就呼嘯著朝李世民衝來：「李
世民，今天就是你的死期！」李世民見到這種情形，只好自己揮刀與
單雄信挑戰。但是很快，李世民就支持不住，情形十分危急。正在這

個時候，忽聽得像聲霹靂從天而降的吼叫：「單雄信不要傷害我主！」然後就看見尉遲恭兩眼似噴火一般，雙手持鋼鞭飛奔而來。單雄信早已聽說過尉遲恭的名聲，今天又看見他如此的威風，心裡不禁有些膽怯，只是一不留神，他的長鞭就被尉遲恭打得飛了起來，再來一鞭單雄信的小命就不保了。尉遲恭接著保護李世民衝出了重圍。

李世民回到營帳以後，馬上派人去請尉遲恭，對他說：「你怎麼這麼快就回報我了呢？」並且賞賜尉遲恭黃金一百斤。但是尉遲恭卻絲毫沒有占為己用，而是全部把它們分給了他的部下。李世民知道這件事後。不禁感歎道：「遇到危險的時候不忘記自己的主人，有了錢不忘記自己的朋友，尉遲恭真是一個大丈夫。」

封建帝王與臣下的關係一般都是赤裸裸的利益驅使，但是，尉遲恭靠他的一顆赤子之心，贏得李世民最真摯的感情，一直到李世民晚年，對尉遲恭的忠心仍是深信不疑。尉遲恭也因他的忠心護主被世人當作門神來尊敬。

戰功卓越的蘇定方

　　蘇定方在早年曾參加過反隋的義軍，在唐朝建立後追隨唐太宗李世民對侵犯唐朝的少數民族匈奴開展過多次有力的打擊，鞏固了唐朝的根基和維護了邊境的安全。後來又親自指揮大軍參加了平定百濟的戰爭，立下了卓越的功勳。蘇定方是唐朝初期戰績卓著的將領之一。

　　擔任禦寇靖邊的蘇邕是蘇定方的父親，在隋朝末年正值天下大亂的時候，蘇邕曾經組織過民間的數千名兵勇參加保衛郡縣的戰爭，抵抗外來的武裝的進攻。俗話說：老子英雄兒好漢。蘇定方正是因為家庭的薰陶，不僅個性正直而且英勇善戰。所以只有十幾歲的蘇定方，也參加到保衛家鄉的戰役中。他身體強壯，勇猛善戰，膽大心細，每次跟隨父親去參加征討匪寇的戰役，總是身先士卒，常常第一個攀登城牆，去衝鋒陷陣。後來他的父親去世了，保家衛國的重擔就落到了他的肩上，郡守就命令他繼續帶領那些勇敢的鄉勇民兵，保郡安民。那個時候有一個很狡猾的匪首張金稱流竄到他的境內，並在郡南一帶燒殺搶掠危害百姓。蘇定方聽說以後，率領鄉勇去圍剿他，但是張金稱根本不把他當回事，等到他們真正交手時，張金稱才感到此人不好對付，於是便使出了渾身解數，對蘇定方猛打狠殺。但是蘇定方自小就征戰沙場，對這個局面一點不畏懼，充分發揮他靈活強壯的特長，在和張金稱拼了幾個回合之後，瞅準一個機會就給了張金稱一個空子，手起刀落極為乾淨俐落，就把張金稱斬殺在馬下。後來就進一步掃清了郡南一帶的匪患。事情過去不久，流寇張公卿又率領一群匪寇到郡西地區進行燒殺搶掠，蘇定方的正義感又被激發出來了，於是便去郡西追擊，沒想到的是這一夥流寇因膽小撤退了，於是蘇定方率眾

去追擊他們，不惜疾馳二十多里地，砍殺和俘虜一半多的匪徒，從此，郡西獲得了安寧。

蘇定方在當地是一個少年英雄，郡縣官吏和鄉民百姓對蘇定方的愛民之心和過人的勇氣都非常欣賞，因此鄉民都非常信賴他並且稱讚他。再後來蘇定方先後曾經參加過竇建德、劉黑闥的起義軍，並且多次在戰役中立功。

等到唐太宗李世民登基後，蘇定方聽說過他的英明，就去應徵參軍，被封為匡道府折衝。在西元六三○年，蘇定方跟隨兵部尚書李靖出征突厥頡利可汗。到達磧口後，李靖指派蘇定方率領二百騎兵作為前鋒，但是在快出發時突然漫天濃霧，在碩大的荒野中竟然連十步之外的景物都看不到，更加辨認不清方向。都說薑是老的辣，多虧軍隊裡有多年守邊的老兵給他們引路，才致使他們沒有迷路。當他們走到距離突厥軍營還有一里遠的地方，就霧散天晴，突然發現原來頡利可汗的營帳已經近在眼前。蘇定方馬上精神抖擻，發出一聲吶喊，就彷彿一陣風一般便直衝敵營，斬殺敵人近百人。這時頡利可汗攜帶隋公主狼狽逃走了，剩下的兵卒有的逃脫，有的繼續負隅頑抗，但是在看到李靖率領大軍趕來，就知道大勢已去於是就全部投降了。回到京師以後，蘇定方因戰功被任命為左衛中郎將。

在西元六五六年十二月，蘇定方又跟隨擔任左衛大將軍的程知節征戰西突厥的沙缽羅可汗阿史那賀魯，被任命為前軍總管。走到鷹娑川的時候，兩萬突厥兵突然前來迎戰，於是總管蘇海政出陣與軍隊交鋒，但是兩軍互有勝負。然而，這時敵方又增加來了兩萬援兵，局勢發生了變化。這時正在一邊歇馬的蘇定方遠遠隔著一座小山就望見前方塵土飛揚，於是判斷出前方戰事異常緊張，於是馬上率領了五百騎兵，飛奔十幾裡殺入激烈的戰場。突厥兵立即就四處潰逃，後來他又追擊敵人達二十里，英勇殺敵一千五百人，並且繳獲了戰馬兩千匹。

死馬以及遺棄的盔甲旗幟到處都是，數不勝數。副大總管王文度非常嫉妒蘇定方的功勞，就對程知節說：「雖然說我們打跑了敵眾，但是我們官軍的傷亡也不在少數，因此勝敗還沒有最終決定。按照我的意見，我們軍隊從今天開始，必須結成方陣，把重要物資圍在中心，從四面列成佇列，所有人馬必須披甲戴盔，不論什麼時候，遇到敵人就要戰鬥，這樣才可以保證萬全。」

同時，他又對眾將領假傳聖旨，說將領程知節恃才輕敵，讓他對程知節加以節制。於是就命令軍隊不可以再深入，只允許慢慢往前移動。結果造成所有的將士整天跨在馬上，每天穿著盔甲列隊，致使士兵全部疲憊不堪，鬥志全無；馬匹整日擁擠，水草或斷或續。蘇方定看到軍隊和士兵的這種情況，心中又著急又生氣，實在憋不住了，就向程知節提出已經準備很久的建議，說：「我們本來出征來討伐敵人的，可是現在卻只是固守現在這片地方，致使人乏馬餓，如果遇到敵人就不戰自敗了。出征大將膽小害怕成這個樣子，還怎麼能建功立業？現在你是指揮我們的大將軍，一切都應該聽從你的指揮。至於那個王文度只是自稱另有聖旨就讓他發號施令，於情於理都不通。所以依我的意見，應該馬上拘捕王文度，快速上報給朝廷。」程知節聽完後沉思不語，但是最終沒有採納蘇定方的建議。當大軍途徑恒篤城時，突然有一支突厥主動投降，王文度卻說：「這些人只是假意投降如果我們離開，他們就會恢復原貌，又來侵擾大唐，不如把他們全部斬首，然後我們得到他們的財產。」蘇定方馬上就反駁道：「這樣我們和強盜有什麼兩樣？我們還叫什麼討伐叛亂？」王文度卻以副大總管的身份強制壓下了他的反駁意見，竟然最後真的殺死了前來歸降的突厥兵眾。並且瓜分了他們的財物，唯有蘇定方拒不接受。後來大軍回到長安以後，王文度的違法行為終於被揭發出來，依法處斬。

第二年的時候，蘇定方被提升為行軍大總管，奉皇帝詔命又一次

出征西突厥的賀魯。並且任命雅相、迴紇婆潤作為副總管。他們從金山向北進軍，首先攻打了處木昆部落，獲得勝利之後又繼續前進。突厥首領懶獨祿親自率領一萬多帳兵前來向蘇定方歸降，蘇定方善待他們並給以撫慰。後來賀魯親自率領胡祿屋、五弩失畢等部兵馬一共十萬多人，前來抵抗蘇定方的官軍。蘇定方就率領迴紇和漢兵一萬多人來進攻。當賀魯看到蘇定方的軍隊人數少時，就想要一口吃掉，於是指揮他的大軍把蘇定方的大軍團團包圍。蘇定方就命令步兵佔據南面的小坡，自己組成一個圓陣，全部手持長矛來禦敵，他就帶領著漢軍騎在靠北面一點的小坡上列陣待敵。突厥兵選擇先去進攻步兵，可是一連三次都沒有能衝破圓陣，並且雙方都有了傷亡。這個時候，蘇定方突然命令對敵軍發起攻擊，步兵也前來配合反擊，打亂了敵人的重重包圍，於是突厥兵就潰退奔逃，蘇定方又下令追擊了三十多里，一共殺掉人馬數萬。

到了第二天，蘇定方又重新整頓了兵馬繼續發起追擊，結果，胡祿屋和五弩失畢都選擇率眾投降。賀魯和另外幾個頭目帶領數百名騎兵向西逃竄，蘇定方就下令大軍繼續追擊。當時正值大雪紛飛之時，平地的積雪達到二尺厚，眾將領就建議蘇定方等待天晴再加以追擊，蘇定方堅定地說：「敵人眼瞅大雪封路，一定會以為我們不能前進，這時一定正在前方休息，只有這種時候我們才能緊緊追上他們，如果我們等待天晴了，他們已經越跑越遠了，所以現在我們只能抓緊時間，不怕辛苦，才能建立功業！」將士們在蘇定方的激勵下在雪夜前行。一直追到伊麗水畔，再次和敵人展開戰爭。蘇定方奮力殺敵，幾乎快把所有的突厥兵都殺盡了。賀魯只是帶了十幾個騎兵逃跑了。蘇定方又派他的副將蕭嗣業進行跟蹤追擊，一直追他們到了石國，終於把賀魯生擒回來。

蘇定方率領大軍凱旋，唐高宗李治親自登樓閱兵，蘇定方身穿颯

爽軍裝，帶著所擒的俘虜賀魯獻給朝廷。隆重的儀式使他在京都聞名。於是，賀魯的轄地也歸入了唐王朝的版圖，在當地設立州縣，邊界很快就擴展到了西海。蘇定方因為功勳卓著很快就升為左驍衛大將軍，封為邢國公，並封他的兒子蘇慶節為武邑縣公。

戎馬一生的李勣

　　李勣家裡很有錢，十七歲的時候看到天下大亂，就加入家鄉的瓦崗軍。他在軍中為翟讓出謀劃策，在不侵擾鄉親的情況下劫取公私財物無數，使軍隊規模壯大。在隋朝派名將張須陀來討伐的時候，他制止了要逃跑的翟讓，與隋軍兩萬多人迎面交戰，在這種不利的條件下斬殺張須陀，使得隋軍大敗。

　　之後，李勣與王伯當知道李密叛亂，兩人就勸說翟讓推李密為主。以便收買人心，擴大軍隊的影響。

　　隋朝派王世充來討伐李密，李勣多次以奇計讓王世充大敗而歸，因此，李密將他封為東海郡公。後來河南、山東發生洪災，朝廷賑災不周，災民餓死無數。李密採納了他的建議攻取了黎陽倉，開倉賑濟災區饑民，人心歸附，壯大了起義軍的隊伍。一年之後，宇文化及在江都暗殺了隋煬帝，楊侗在洛陽即位，赦免了李密等人，又封李勣為右武侯大將軍，派他們一起討伐宇文化及。當宇文化及率軍四面圍攻李□守衛的黎陽城時，緊要關頭的李勣便從城中挖地道，現身城外打了宇文化及一個措手不及，讓其大敗而去。

　　說到李勣，就必須先得交代一下李密。李密是個身先士卒，禮賢下士，帶兵嚴謹的人，每每打仗所得的財物都會分給下面的將士。經過與隋軍交戰之後，他的威信日盛，被人稱為魏公。千古流傳、辭采壯烈的〈討隋煬帝檄文〉也是他讓祖君彥所作。後來，因為翟讓性格粗暴、頭腦簡單，又因為他的哥哥和屬下數次侮辱李密手下的兵士，兩人之間的矛盾日益增長，所以李密在屬下的勸說下趁機殺了翟氏兄弟。他制止了要殺掉李勣的手下，並且，對翟讓手下叩首求命的大將

單雄信等人，都釋而不殺。後來李密又數次大敗隋軍，最鼎盛時手下有三十多萬大軍，各地的首領甚至連李淵都推他為帝。在屢戰屢勝的時候，因沒有餉銀而使士兵們心存怨氣，導致有幾次反敗於王世充。其間李密本想用計趁王世充渡洛水的過程中將其殲滅。卻不想天意弄人，李密的偵察兵沒有及時發覺王世充發軍，使王世充的軍隊全部都上岸了。在不得已的情況下，他只能帶小部分軍士去投靠李淵。

之後，李勣統領了李密之前的全部屬地，但他真是一個有義氣的人，他並沒有自己佔據這些功勞，而是讓李密去把這些屬地獻給唐高祖李淵。唐高祖李淵知道這件事後很高興，認為李勣是個感恩戴德，樸實正直的人，馬上封他為黎陽總管、萊國公，接著又封為右武侯大將軍，賜姓為李，並將他的父親封為舒國公。下旨派李勣統領河南、山東的軍士以對抗王世充。

李密歸順唐朝後，之前對他很親熱的李淵卻並沒有重用他，只讓他做了個閒官。不久，朝廷聽聞他之前降於王世充的舊部下都有了反叛之意，就派李密去黎陽重新召回舊部下。本來就對朝廷懷有怨念的李密在走到甘肅的時候，朝廷卻又派人把他召回，為此他在疑惑和恐懼的心情下決定反唐。當時，王伯當在勸說不動的情形下，決定以性命報恩，隨他一起反唐。在隋唐時期，英雄輩出，男人間的義氣感人肺腑。後來在唐朝將軍史萬寶、盛彥師的伏擊下，李密及王伯當等人，都被殺了。當時的李密才三十七歲，雖然《舊唐書》中稱他「狂哉李密，始亂終逆」，但隱含的意思是佩服他的傑出才能，禮賢下士，仁德大度的精神。

李勣在知道李密被殺後，就上書請示朝廷容許他收葬故主，朝廷答應了他。他為李密服重孝，和前僚將士以君禮將李密葬在黎山的南面，葬禮非常隆重，朝廷和民間知道後都讚歎李勣是個忠義之人。不久，竇建德率軍擒殺了宇文化及，又大勝李勣，並且，抓了他父親做

人質，迫使他只能守在黎陽。第二年，李勣趁機又歸順唐朝，有人勸竇建德將李蓋殺了，但他是個光明磊落的人，說「李勣是個忠臣，只不過是各為其主」，將他父親送回了唐朝。後來，李勣協同李世民戰勝了王世充、竇建德等人，事情一帆風順，他也戰功赫赫。在這其間，還有一事值得一說。在單雄信投靠王世充之後，極受重用，而他本人也很賣命。秦王李世民在攻打洛陽的時候，被稱為「飛將」的單雄信，好幾次差點把秦王捅馬下了，可見此人藝高膽大，李勣在旁看到後都稱他為「老哥」。在王世充兵敗投降後，李世民把十幾名與唐軍大戰的大將列入了處決名單，李勣哭著去請示　，想以自己的家財爵位換取老哥一命，但先前差點被單雄信殺了的秦王是堅決不答應。無計可施的李勣，只能與單雄信在大牢中訣別。他在牢中從腿上割下一塊肉給單雄信吃掉，哭著說：「本來想跟隨仁兄共赴黃泉，但得留下來照顧你的家人。就讓這塊肉隨老哥下地，以表示我誠懇、深切的情義。」單雄信死後，李勣像對待自己的家人一樣照顧他的妻兒，這真是千古義氣的典範。

貞觀十五年，李勣被封為兵部尚書，還沒到京都上任，就發生了薛延陀部落侵犯李思摩部落這件事。李勣被朝廷任命為朔州行軍總管，率領三千騎兵將薛延陀退避青山，使敵師大敗，斬殺一位名王，俘虜五萬多人。李勣回到朝廷之後就生了重病，藥方上講用鬍鬚灰做藥引可治好此病。唐太宗李世民聽說後，親自剪下「龍鬚」給他和藥，這事成為千古美談。對此，李勣非常感動，磕頭謝恩時額頭都見血了。秦王說：「吾為社稷計耳，不煩深謝。」過後在一場酒宴上，唐太宗將太子託付給他，可見對他非常信任，發誓必以自己的性命保護太子。過後他喝醉睡著時，唐太宗親自解下御衣為他蓋上，避免他著涼，這樣的寵遇，古今少有。貞觀十八年，李勣隨從唐太宗征戰高句麗，攻破了遼東、白崖等多個城市。貞觀二十年，又打敗薛延陀部

落，收復了磧北。

　　貞觀二十三年，唐太宗臨終的時候，故意把李勣貶為疊州都督。高宗李治即位後，立即將李勣封為尚書左僕射，之後又封為司空。李勣善於審時度勢，對於皇家的事情，在他看來，是他們的「家事」，無需過問「外人」。這樣，一方面可以巧妙地避開陷入皇權爭鬥的漩渦，另一方面，也可以保全自己。李勣不是皇親國戚，為人又小心謹慎，又因太宗託付於他的是國家社稷，所以他的表現並不是油滑臣子的作為。正因為這樣武后很喜歡他，還親自慰問他的姐姐，賞賜其衣物，像對待家人一樣。

　　因征伐勞累，李勣病重，卒於西元六六九年十二月三十一日，享年七十六歲。高宗李治停止朝議七天，親自為他舉哀，贈他為太尉，諡號貞武，於昭陵陪葬。

東征西討的薛仁貴

　　薛仁貴同唐朝大多數將領一樣，少年時代家庭條件很差，家裡以種田為生。本來，他想依靠自己的微薄之力改葬去世的父母，但是，他的妻子柳氏卻對他說：「有超凡才能的人，關鍵是要把握住好的機會才能有所發展。現在皇帝想要御遼親征，並且在選求猛將，這對你來說是非常難得的機會，你為什麼不去求得一個顯赫的功名呢？等到取得成就以後，再為父母改葬也不遲。」薛仁貴聽了妻子的話就去見將軍張士貴應徵入伍了。

　　薛仁貴入伍後一直沒有顯示才能的機會，終於有一次，軍中的郎將劉君邛被敵軍包圍，薛仁貴立刻就去營救他，並且勇猛地斬敵軍將領，把他的腦袋綁在馬鞍上，敵軍看見都害怕了薛仁貴，從此薛仁貴名震四方。在唐軍進攻安市城的時候，高麗的莫離支派大將高延壽等一共率領二十萬士兵進行抵抗，依山建立營寨，唐太宗命令各將分別進攻他。薛仁貴覺得自己很勇猛，想要在太宗面前立戰功，於是，就特意穿了白色的戰袍，腰間掛了兩張弓，提了自己的長戟，大叫著飛馳向敵軍殺去，一路威風凜凜，殺敵無數；軍隊沿著薛仁貴開闢的道路乘勝追擊，敵軍被殺得潰不成軍。太宗看見這種情勢，委派使者馬上趕去詢問：「軍隊中穿白色戰袍的人是誰？」部下回報說：「薛仁貴。」於是太宗親自召見他，對他的才能感歎不已，賜給他許多黃金、絹帛和奴婢、馬匹等，並任命他為游擊將軍和雲泉府果毅都尉，並命令他專職在北門值班。班師回朝之後，太宗對薛仁貴說：「我的很多部將都已經打不動仗了，所以很想提拔一些作戰勇猛的人在外統兵征戰，但是沒有遇到一個像你那樣讓我滿意的，這次征戰讓我最高

興的不是收穫遼東，而是得到了你這員猛將。」於是，薛仁貴升任為右領軍中郎將。

　　唐太宗死後，薛仁貴繼續為唐高宗效力。有一次，高宗夜宿萬年宮，正好遇到山洪暴發，到了晚上，洪水馬上就要衝到玄武門，夜裡守衛的戰士都已經離開，但是薛仁貴說：「當你的天子遇到危險的時候，怎麼可以貪生怕死？」於是，馬上就去敲門大聲呼喊，叫醒宮中的人，高宗急忙出來站到不會被水淹沒的地方。過了一會兒水就到達了高宗剛才睡覺的地方，高宗感激地說：「因為有你我才沒被淹死，現在我明白誰是忠臣了。」

　　蘇定方上奏要討伐突厥沙鉢羅可汗賀魯，薛仁貴上疏說：「微臣聽說如果師出無名，那麼事情往往不會成功；只有證實了他們是真正的盜賊，敵人才會心服口服。臣聽說現在因為泥熟不肯侍奉賀魯，而被他打敗，然後賀魯就像對奴隸一樣捆綁他的妻子兒女，如果我們能勝利打敗賀魯並從他的部落裡救了泥熟的家人，讓他們回家，並且給予優厚賞賜，這樣就可以使百姓都知道賀魯的慘無人性和陛下您的高尚道德。」高宗採納了薛仁貴的意見，於是，遣還了泥熟的家屬，從此之後，泥熟誓死效忠唐朝。

　　西元六五八年，薛仁貴接受任命為程名振的副將帶領軍隊去征戰遼東，在這次戰役中大敗遼軍，消滅了遼軍三千人。第二年，薛仁貴和契苾何力、梁建方與高麗的大將溫沙多門在橫山進行了一場大戰，薛仁貴在橫山大戰中非常英勇，獨自一人帶著弓箭騎馬進入陣中，箭法很精準。後來他們又在石城開始了一輪戰鬥，但這次敵營中也有一個射箭精準的人，射殺唐軍官兵總共十多人，薛仁貴看到以後大怒，就獨自一人突入敵陣中擊殺那個好箭法的人，沒想到居然打得那個敵軍都沒法用弓箭了。於是，薛仁貴活捉了他。不久以後薛仁貴又和大將辛文陵在黑山擊敗契丹，並且生俘了他們的大王阿卜固並把他押送

到東都洛陽。因為戰功赫赫薛仁貴升官做了左武衛將軍，並且獲得封號河東縣男。

皇帝下令薛仁貴作為鄭仁泰的副將到鐵勒道去擔任行軍總管。在他出發之前，皇帝在內殿擺宴為他送行，宴席間唐高宗對薛仁貴說：「據說古代擅長射箭的人可以一箭把鎧甲上的七層金屬葉片射穿，愛卿你就先試著射五層甲片來看看吧！」結果薛仁貴不費吹灰之力就射穿了，唐高宗非常驚訝，於是，拿出更加堅固的鎧甲賞賜給他。當時薛仁貴要去任職的九姓鐵勒的部落共有十多萬人，他們分別派出驍勇善戰的騎兵幾十人去挑戰他，然後薛仁貴先發制人，只是輕鬆射了三支箭，就連著殺死三個人，看到這種情況鐵勒既受震動又害怕，於是紛紛前來投降。但是薛仁貴害怕會留有後患，就把他們全部殺了。接著又去討伐在沙漠以北地區的剩餘殘部，結果擒獲偽葉護兄弟三人回來了。於是軍中常聽到有歌謠唱道：「將軍三箭定天山，壯士長歌入漢關。」從此九姓衰落了。

在乾封年間初期的時候，高麗的泉男生要求歸附唐朝，於是朝廷派將軍高偘、龐同善先去慰問表示接納他們的意思，然而他的弟弟泉男建居然率領國內的群臣百姓反對歸順唐朝，為了保護兩位將軍的安全，朝廷特派薛仁貴率領軍隊去護送龐同善。等到唐軍一行人到了新城的時候，晚上遭到了襲擊，但是被薛仁貴擊敗了，並且斬殺他們數百個人。等到龐同善進駐金山的時候，吃了敗仗的敵軍不敢再前來冒犯，但是，泉男生選擇乘勝追擊，薛仁貴攻打敵軍並把他們劃分成為兩部分，於是敵軍潰散了，在此次戰役中斬殺敵兵五千人，並且取得了蒼岩、南蘇、木底三座城池，最後與泉男生帶領的軍隊會合。唐高宗親自撰寫詔書以此來慰勞勉勵薛仁貴和士兵。薛仁貴想要依靠振奮的士氣，率領二千士兵去攻打扶餘城，但是其它將領都認為兵力太少不宜出戰來阻止他，薛仁貴卻說：「兵不在多，只要運用得當就可打

勝仗。」在攻打扶餘城時他身先士卒，遇到敵人就奮力殺敵，總共殺了一萬餘人，最終攻佔了扶餘城，接著又開始沿著海域擴張版圖，後與李率領的軍隊會合。扶餘城投降以後，遼海地區其它的四十個城也陸續前來投降，從此薛仁貴威震遼海區域。

薛仁貴一生征戰沙場無數，為唐朝立下汗馬功勞。永淳二年這位威震一時的大將軍英魂永逝，享年七十歲。死後，唐高宗贈他官位幽州都督、左驍衛大將軍，並且官府護送他的遺體回歸家鄉。

「軍人楷模」郭子儀

西元七五五年爆發了著名的「安史之亂」，安祿山率兵攻打大唐，二十萬大軍浩浩蕩蕩從范陽進發，直入中原，攻下洛陽，連闖潼關，把唐玄宗李隆基逼上了進蜀的道路。正在大唐江山風雨飄搖的時候，出了一位力挽狂瀾的大將軍，奮力頂住了安祿山叛軍的猛烈攻勢，並且收復了一片片被霸佔的國土。在收復長安的戰爭打響前，唐肅宗無限期望地對他說：「唐朝能否回到以前，關鍵在此戰了。」他信心滿滿的表示：「這場戰役打不贏，臣絕不活著回來。」這位就是平定「安史之亂」的大將郭子儀。

在「安史之亂」被平定後，郭子儀很想告別戰爭的生活功成身退，和家人去過平靜而安詳的生活。然而，郭子儀注定一生要為唐朝奔波，退隱不久，長安又一次遇到了叛將和異族的嚴重威脅，於是，退敵護唐的重任又一次放在了年事已高的郭子儀肩上。

代宗李豫原名叫李俶，當初從他父親肅宗手上接過的大唐江山就已經是處於由盛世轉為衰敗的時候了。單從人口方面來說，就已經能夠說明問題了。在天寶年間，唐朝共有九百零六萬戶，然而到代宗廣德二年的時候，就僅剩兩百九十多萬戶，竟然減少了三分之二。

然而，禍不單行，西元七六三年，由吐谷渾、吐蕃、党項、羌、氐等少數民族組成的二十萬大軍，開始進攻唐朝的大震關也就是今天陝西隴縣以西，邊關岌岌可危，但是身為皇帝的代宗卻被內侍監程元振蒙在鼓裡。

各族聯軍勢如破竹攻入了大震關，接著繼續深入大唐內地，在這個關鍵時刻涇州的刺史高暉居然投降了吐蕃，為叛軍做嚮導，更加速

了聯軍的進攻速度。叛軍一路直搗黃龍，直逼京都長安。

當代宗皇帝聽到這個消息時，各族聯軍早已深入大唐心臟地帶，然而，這時想找一位能帶兵打仗的強將卻找不出來，那位戰功赫赫的將領郭子儀早因太監魚朝恩和程元振進讒言被解職在家。在這岌岌可危的時候，所有人都想起了郭子儀，代宗下旨任命他為副元帥組織軍隊抵抗，又下令命下屬各鎮節度使到京師奮力救駕。

然而各鎮節度使接到命令以後，都遲遲不出發，因為太監程元振曾設計害死過淮西節度使，他們害怕入京以後同樣也會受到程元振的暗害。

當各族聯軍逼近長安時，代宗皇帝為了保命早已逃離，入侵軍攻入長安後找了一名叫李承的人，把他立為名義上的傀儡皇帝，他們準備長期佔據中原。

當老將郭子儀得到聖旨的時候，沒有一兵一馬可供他調遣，然而他沒有輕言放棄，而是積極去召集自己曾經帶領的將士，他先是找了二十多名以前的部下，後又讓這二十多人到各處去招兵買馬。當各州縣官府失利的軍隊聽說郭子儀要復出帶兵抗敵，紛紛都感覺有了主心骨，大老遠趕來與郭子儀一起抗敵。甚至按兵不動的節度使白孝德也在他的判官段秀實的勸說下，起兵抗敵，在很短的時間裡，郭子儀組織了一支大軍。

可笑的是，郭子儀還沒有帶兵出戰，以吐蕃為首領的各族聯軍，聽說郭子儀要帶兵攻打他們，嚇得連長安也不要了，屁滾尿流的退回青海去了。

經過這次長安之危，人們認識到了僅憑郭子儀的名聲和威望，威脅就能得到解除，於是，皇帝和大臣們更加敬重郭子儀了。

在西元七六四年，大將軍僕固懷恩因為對朝廷充滿憤恨，為了報復大唐，於是勾結吐蕃、迴紇聯軍再次進攻唐朝。代宗自然不假思索

便又派老將郭子儀出馬,帶兵平定叛軍。

郭子儀親自率軍駐紮在涇陽,然而帶領的軍隊僅有一萬人,而聯軍卻有比他高出十倍的人馬。吐蕃與迴紇兩個部落分別駐紮兩座大營,將涇陽城團團包圍。

郭子儀知道,憑藉自己區區一萬人去和十萬人鬥,那結果即使不是全軍覆沒,也無法取勝,應給對他們曉之以理,動之以情,勸他們自動退兵。做出決定之後,他就派牙將李光瓚到迴紇營中,對迴紇大帥藥葛羅說:「我家將帥郭令公派我來跟大帥說,希望不要忘記當年共同作戰的情誼,還是早日退兵為好。」藥葛羅大帥說:「郭元帥很早就辭世了,你以為我是傻子嗎?別想騙我!」李光瓚信誓旦旦地說:「我向天盟誓,郭令公仍然健在,是決不會騙你的。」藥葛羅還是疑惑,說:「如果你們郭元帥還健在,我能跟他見一面嗎?」「這個……」李光瓚不知該如何應對,於是就說回去請示後再來答覆。

李光瓚回營後,把事實原原本本告訴了郭子儀,郭子儀立即召集將領們商議應對的策略,他說:「現在我們和敵人力量相差太大,如果硬碰硬肯定吃虧。憑我當年與迴紇的舊情,不妨去見見藥葛羅。如果能說服迴紇退兵,只剩下吐蕃也就容易對付了。」

諸將也想不出更好的辦法了,於是建議郭子儀帶領五百騎兵跟隨保護他,郭子儀堅決不同意,說:「敵人有十萬大軍,如果想取我性命,五百騎兵又管什麼用?所以我帶幾名隨從就足夠了。」

郭子儀戎裝上了馬,正準備出城,他的擔任兵馬使的兒子郭晞聽說事情以後趕來死死拽住馬韁勸告道:「爹爹,迴紇狼子野心,您身為國家元帥,怎麼能孤身獨闖險境呢?」郭子儀騎在馬背上,義正辭嚴地說:「如果我們兩軍交戰,那最大的可能是我們父子倆都將戰死。我們死不足惜,可是,在我們身後就是京都長安,如果失敗那時國家也就面臨危險了。我去見一下藥葛羅,去曉之以理,或許這是唯

一能轉危為安的方法。真能成功那也就是天下百姓的福氣。」郭晞無法說服父親，只得眼巴巴看著父親帶著五名騎兵，向迴紇軍營走去。

郭子儀威風凜凜地騎著馬進入迴紇大營，哨兵都認為他是普通的送信使者，都沒有搭理他。這時，郭子儀身邊一名隨從大聲叫道：「大唐元帥郭子儀來啦！還不快出來迎接？」哨兵聽到這句話，連忙去報告主帥。

大帥藥葛羅本來拿著弓箭，帶領所有酋長們騎馬在營前排隊等候，可是看見唐軍只是來了六個人，於是下了馬，扔掉手中的兵器，徒步向郭子儀走來，那個為首的白髮銀鬚的人，就是已經六十九歲高齡的老將郭子儀。

藥葛羅只一眼就認出大將郭子儀，非常驚喜地對身後眾將軍說：「真的是郭元帥來啦！」於是帶頭躍下馬對著郭子儀叩拜。

郭子儀拉著藥葛羅的手，首先是問候了迴紇可汗葉護，然後屬聲指責道：「大唐以前對迴紇有功勞，大唐與迴紇相親相愛。但是現在你們怎麼能背棄盟約進攻大唐呢？幫助叛臣背離自己的恩人，實在不是一個有情有義的民族應做的事。我現在隻身而來，隨便你處置……。」

藥葛羅也感覺不好意思了，趕忙解釋說：「其實都怪僕固懷恩欺騙我，他說當今唐朝皇帝已經病逝，您也被惡人害死，我才和他一起來。現在既然我知道皇上還在長安，又親眼看到令公，才知道自己上了當。現在，僕固懷恩已經病死，也算是得到了天誅。我怎麼能再和您交戰呢？」

郭子儀聽完這些話後，心裡暗暗高興，覺得勸說迴紇退兵有希望，又繼續說：「吐蕃不顧前朝結親的情誼，在大唐邊境侵吞土地，殺人放火。現在他們從唐朝搶走的財物用好幾輛車都裝不下，搶去的牛羊到處都是。如果你們能幫助打退吐蕃，那這些財產、牛羊就全給

你們了，希望你們不要錯過這個機會。」

藥葛羅非常高興地答應後說：「我曾經受了僕固懷恩的騙，已經覺得很對不住令公。今天我一定全力協助令公擊退吐蕃來表示歉意。」

當時，藥葛羅就讓部下拿出酒，手下眾將陪著郭子儀暢飲。郭子儀喝了幾杯酒以後，指天發誓：「⋯⋯如果有背棄約定者，在陣前喪命，整個家族滅絕！」藥葛羅也重複了一遍郭子儀剛才說過的誓言，於是在場眾人興高采烈，氣氛熱烈而友好。藥葛羅馬上就決定，要派酋長石野那等六位使者到長安覲見代宗皇帝，以示和好之意。

當吐蕃統帥聽到迴紇與唐軍和好，並且要共同對付他們的消息，就急忙連夜退兵。就這樣簡單，郭子儀僅憑自己的一張嘴，竟然讓十萬大軍退卻。

然而郭子儀並沒有就此滿足，而是命令大將白元光率領騎兵聯合迴紇藥葛羅大軍緊追吐蕃軍，一直追到靈臺西原地區，展開一場激戰，一共殲滅吐蕃軍隊一萬餘人，總共奪回吐蕃掠去唐朝的四千名女子，接著又與吐蕃在涇州打了一仗，吐蕃又一次失敗，徹底退到邊境以外。

草人借箭的良才張巡

　　三國裡的諸葛亮大家都非常熟悉，而對其不費吹灰之力就得到十萬支箭的「草船借箭」的故事更是記憶深刻。今天要說的就是與諸葛亮有同樣智慧的張巡是如何用「草人借箭」的。當年安史之亂爆發時，唐玄宗被迫逃離長安，緊接著安祿山率領叛軍就攻進了長安。唐朝大將李光弼、郭子儀聽到長安失守的消息，不得不放棄剛剛收復的河北，李光弼選擇退守太原，而郭子儀則退守靈武。

　　其實，在叛軍進入潼關之前，安祿山已經派唐朝的叛將令狐潮去攻擊雍丘（在今天的河南杞縣）。這個令狐潮原本是雍丘的縣令，但是在安祿山率軍佔領洛陽的時候，他就投降安祿山。在雍丘縣附近有個叫真源縣的地方，真源縣的縣令名叫張巡，他就是我們本文要說的主人公，寧死不願投降，並且發動百姓徵集了一千多名壯士，提前佔領了雍丘。令狐潮接受安祿山的命令帶了四萬多叛軍前來進攻。張巡和雍丘全體將士誓死堅守兩個多月，將士們每天穿戴著盔甲吃飯，受傷後自己包紮好傷口就又加入戰鬥，兩個多月裡曾打退了叛軍多達三百多次的圍攻，並且殺傷一批又一批的叛軍致使令狐潮最後只能退兵。

　　在令狐潮第二次集結人馬來攻城的時候。長安被攻陷的消息已經傳到雍丘，令狐潮十分得意，派人送了一封勸降信給張巡。

　　長安淪陷的消息在雍丘唐軍將士中傳播開了。於是雍丘城裡的六名將領，在以前都是很有名望的人，但是看著當時的形勢，都有點動搖了。他們一起去找張巡勸說：「現在我們和對方力量懸殊太大，而且，現在皇上是死是活也弄不清楚，還是趁早投降吧。」

　　正直的張巡一聽這些話，肺都快氣炸了。但是表面上仍然裝作無所謂，並答應等到明天和大夥一起商討。但是到了第二天，他把全縣將士召集到了廳堂，派人把六名將領叫到廳裡，當眾宣佈他們犯了動搖軍心、背叛國家的罪，下令當場把他們六人斬了。將士們看了以後，都被張巡的愛國熱情所鼓舞，表示願意和敵人決血戰到底。

　　在接下來的日子裡叛軍一直在攻城，張巡安排兵士在城頭上用射箭的方法把叛軍逼回去。但是，時間一長，城裡的箭很快用完了。為了尋找箭的事，張巡心急如焚。

　　然而聰明的張巡最終想到了辦法。在一個漆黑的深夜裡，雍丘城頭上出現了黑壓壓的一片，模模糊糊看著好像有無數個穿著黑衣服的士兵，沿著一條繩索爬到城牆下面。這件事被令狐潮手下的小兵發現了，於是立即報告給了他。令狐潮當即判定是張巡趁夜裡派兵來偷襲，就準備弓箭手向城頭放箭，一直放箭放到天色漸亮，叛軍再去仔細看的時候，敢情那城牆上掛的全是張巡編的草人。

　　而那邊雍丘的城頭上，張巡手下的兵士們興高采烈地拉起草人。那一千多個草人的身上，鱗次櫛比的插滿箭。兵士們只是錯略的數了一下，居然有幾十萬支箭。這樣一來，城裡的軍士們再不用為箭發愁啦！

　　又過了一段時間，城牆上又出現了像那天夜裡一樣的「草人」。令狐潮的手下看見覺得既好氣又好笑，都認為又是張巡想騙他們的箭而耍的把戲。於是大家誰也不去在乎它。

　　可是他們哪裡能想到，這一次從城牆上下來的並不是什麼草人，而是張巡秘密派出的五百名勇士。這五百名勇士攻其不備，對令狐潮的大營進行突然襲擊。可是當令狐潮想組織士兵抵抗時已經來不及了。幾萬名叛軍失去將領的指揮，向四周逃命去了，一直跑到了十幾裡地外，才敢停下來喘口氣。

　　令狐潮一連幾次中了張巡的計策，氣得恨之入骨，回去以後又增加了幾倍兵力攻城。張巡命令他的部將雷萬春在城牆上指揮守城。令狐潮的兵士們看到城牆上出現一個將領，就對著他放箭。雷萬春沒有做好準備，臉上一下子中了六箭。但是他為了穩定軍心，他強忍疼痛，一聲不吭地站立著。叛軍將士一直認為張巡有很多陰謀詭計，以為這一次肯定又是放了個假的木頭人來騙他們。

　　後來，令狐潮從他的間諜那裡知道，那個中箭後依然不動的「木人」就是將軍雷萬春，不禁非常驚訝。於是帶領士兵在城下喊話，要求見張巡。張巡按照他的話上了城頭，令狐潮對他說：「我知道了雷將軍是個鐵漢子，更加明白你們的軍紀確實嚴格。只是可惜你們太傻不懂得識天命啊！」

　　張巡迴報以冷笑回答說：「你們連做人最起碼的道理都不明白，還有什麼資格配談天命！」說著，就下令將士們出城攻擊。令狐潮嚇得調轉馬頭拼命地逃跑，他逃脫了，但是他手下的總共十四個叛將，全部被張巡將士生俘了。

　　從那以後，令狐潮駐紮在雍丘北面，只是不斷侵擾張巡的糧道。再也不敢貿然攻城，雖然叛軍通常有幾萬人，張巡的兵不過僅有一千多人，但是張巡總能瞅準機會出擊，總是以少勝多，取得勝利。

　　就這樣和令狐潮僵持了一年，當時任睢陽太守的許遠派人給張巡送來加急文書，說叛軍安祿山派大將尹子奇率領十三萬大軍要去攻陷睢陽。

　　張巡一接到告急文書，二話不說立馬帶兵趕往睢陽。張巡就是這樣一個足智多謀的愛國大英雄。

足智多謀的李光弼

　　西元七五七年春，在唐朝平定「安史之亂」的戰爭中，擔任唐朝北都留守的李光弼率領軍民堅守李家王朝的發源地太原，同時挫敗了史思明等部多次圍攻。在安祿山遣兵攻入潼關後，正把史思明圍困於博陵的李光弼部，撤出包圍向西進入井陘，也就是今天的河北獲鹿西南，後還太原。於是，史思明再次攻佔常山，奪回了河北全境。那個時候，李光弼所率領的精兵都已經調往朔方，太原只剩下河北兵五千人，加上地方武裝，也不過萬人。面臨叛軍的強大攻勢，諸位將領都感到惶懼不安，主張修城自衛，李光弼卻認為，太原城方圓共達四十里，叛軍將要到來而動工修城池，是沒有見到敵人卻首先使自己陷入困境。於是，他率領一眾軍民在城外挖掘壕溝，並做好了幾十萬個防禦的土磚坯。一旦史思明的大軍開始打太原，他就命令將士用土坯修固營壘，哪裡被損壞，就用土坯來補上。史思明曾經派人到山東去取攻城的器械，派遣番兵三千人進行護送，然而途中被李光弼遣兵攔擊，將其全部殲滅。

　　史思明已經圍攻太原數月，但是仍然攻不下來，於是便挑選精銳士卒作為遊兵，讓他們去進攻城南地區，然後再轉攻城西，自己則率領士兵去攻打城北，後來又轉攻城東，嘗試尋找唐軍防守的漏洞。然而，李光弼治軍嚴密，警戒巡邏沒有一絲一毫的懈怠，使史思明無路可走。李光弼又派人挖掘一條地道，一直通到城外，當叛軍在城外叫罵挑戰時，經常不防備就被唐軍拖入地道中，然後拉到城牆上斬首，嚇得叛軍心驚肉跳，在走路時都只顧著低頭看地。後來叛軍又用雲梯和築土山來攻城，唐軍便事先在城下挖好地道，使他們靠近城牆就會

塌陷。李光弼為了阻止叛軍的強行攻城策略，還發明在城上安裝大炮，以此來發射巨石，一發就可以擊斃叛軍二十多人，因此史思明的士卒大多都死在飛石之下，於是，軍隊被迫後退，但是圍困情勢卻愈加嚴密。李光弼為了打破叛軍的圍困局面，以詐降作為手段，與叛軍約定日期出城來投降，但是暗地裡派人挖掘一條地道直通至叛軍的軍營之下，首先，用撐木支頂。到了約定的日子，李光弼派部將率領數千人出城假裝投降。叛軍不知道有詐，正當調動出營時，突然營中的地下陷，死了幾千餘人，頓時局勢一片慌亂。唐軍乘機擂鼓猛烈進攻，共殲滅叛軍達萬餘人。

正在太原之戰緊鑼密鼓地進行時，安祿山被他的兒子安慶緒所殺。安慶緒奪取他父親的帝位後，命令史思明退回堅守范陽，只留下蔡希德等人繼續圍困太原。至德二年（西元757年）二月的時候，李光弼率軍大舉出擊，擊破蔡希德大軍。由於李光弼剛強堅決，用兵戰術靈活，特別是以防禦作戰最為著名。治軍紀律嚴謹，所率部隊屢戰屢勝，當時節度使兵敗城失，只有李光弼和王思禮兩位節度使整軍歸還。他曾不顧皇帝的敕令斬殺了不服從軍令的御史崔眾、左廂兵馬使張用濟等人。在收復常山的戰役時，釋放了被囚困的百姓，軍紀極為嚴明，受到民眾的愛戴和敬服。

安慶緒即位後繼續攻打大唐。李光弼覺得洛陽城太難守衛，於是便移軍到洛陽以北的黃河北岸的河陽。史思明佔領洛陽後又怕李光弼攻擊他的側後方，又退回到洛陽東面的白馬寺裡，與李光弼進行隔河對峙的戰爭。但是史思明有千餘匹良馬，每天都會趕到黃河裡去洗澡。於是，聰明的李光弼找來了五百匹母馬，並且將馬駒全部留在城裡，然後將這些母馬趕到黃河邊。母馬因為見不著馬駒，而長嘶不已。南岸史思明的馬全部都是公馬，在聽到母馬的嘶鳴後，全部跑到黃河的北岸，被唐軍所擒獲。

在一天的早晨，叛將周摯率領大軍進攻河陽的北城。李光弼登城觀察之後對諸位將領說：「敵軍雖然人數眾多，但是陣形比較亂，所以不到中午就可以被攻破。」然後分別派了任務並且規定諸位將領要嚴格按照令旗的動作來行動，如果旗緩，就可以機動行事；如果急舞旗一共三次，就要馬上拼死殺敵。交戰不久，李光弼看見叛軍氣勢稍微有所鬆懈，就下令立即舞旗三下，諸將就同時喊著殺聲衝鋒向前。叛軍無力抵擋其攻勢，於是，四散潰敗。叛軍被俘虜並且被斬殺達一千五百多人，另外還有一千多人被淹死。以後的李光弼在和叛軍交戰中總是屢屢獲勝。由於李光弼在河陽牽制住了叛軍的主力，使他們不敢再西進，從而確保了長安的安全。西元七六〇年十一月，李光弼又乘勝收復了懷州。第二年，因為唐肅宗輕信了魚朝恩的讒言，催促李光弼立即進攻洛陽。李光弼上奏說：「敵人攻勢尚且尖銳，不可貿然出擊。」但是肅宗完全不聽。

於是，李光弼被迫進攻洛陽，但是在洛陽北面的邙山失利戰敗，只能退而保聞喜。這個時候，在河陽黃河兩岸的僵持局面發生變化，長安已經極其危險。經過邙山戰敗以後，李光弼請求處分。但是，肅宗並沒有多加怪罪，並且命令他擔任太尉兼河南副元帥，統領河南等五道行營節度使的權力，鎮守臨淮。西元七六二年，史朝義進攻河南，圍困了宋州。諸將因為寡不敵眾勸告李光弼退卻保揚州。他卻說：「朝廷全部倚仗我，如果我再退縮的話，朝廷還能有什麼希望彝」於是堅決進駐徐州，向史朝義發起進攻，迫使他解除宋州的圍困局面。他再一次因為戰功而被晉封為臨淮王。

然而，唐代宗登基後開始信任宦官程元振、魚朝恩。程、魚對李光弼百般猜忌，多次在皇帝面前誣陷李光弼，使李光弼心懷疑懼，不敢再入朝為官。西元七六四年在徐州因病去世。

名垂唐史——賢相輔國留英名

唐朝開國元勳裴寂

　　裴寂是個孤兒，是由他的幾個哥哥撫養長大的，外貌十分英俊，器宇軒昂。在他十四歲的時候當上了州縣主管筆記的小官。

　　隋煬帝時，裴寂被任命為晉陽宮的副監在太原當職。那個時候，李淵在太原當留守，他與裴寂在之前交情就很好，現在又同在一地為官，於是就經常邀其一起飲酒、賭博、下棋，通宵達旦卻因情緒很高不知疲憊。在此期間，他的兒子李世民想趁著隋末混亂的局勢，起兵奪取天下，但又不敢和他直說，就用計讓和他關係親密的裴寂去說。李世民想到了一個妙計，自己出了幾百萬私錢找來高斌廉，讓他去跟裴寂賭博然後故意輸錢給裴寂，趁其贏錢高興的時候說出了起兵的計劃，裴寂馬上就答應了。於是，在一次他與李淵喝得起興的時候，說出了李世明準備趁天下大亂的實際起兵奪天下，並進一步分析了當前的局勢，李淵聽了後贊成起兵。為了支持這次起兵，他送了豐富的物質資源給李淵，為起兵的勝利和唐王朝的建立提供了必不可少的幫助。

　　起兵後，裴寂被任命為長史以及聞喜縣公，跟隨李淵征戰到山西。在很久都沒有攻取隋將屈突通的情況下，李淵折中了他與李世明兩人的意見，留一部分將士繼續圍攻山西，再率領大軍進取京師。在戰役大勝後，裴寂被晉升為大丞相府長史，封為魏國公。

　　西元六一七年，在李淵攻取京師後，煬帝的孫子楊侑即位為恭帝。來年，恭帝看到形勢不利，準備讓位於李淵，他卻不接受。這時，裴寂當著所有大將的面勸李淵立即登基，他說：「夏桀、商紂是因為沒有傑出才幹的賢臣輔佐國家，最後才被滅亡，而我們這些將臣

都是因為有了你的栽培才能走到今天,我們會誓死報效你和國家的,如果你不馬上登基稱帝,我們也就不能再做官了。」李淵這才表示:「大家如此情深義重,那我也就不能辜負眾望了。」

李淵登基稱帝,將國號改為唐。他很感激地對裴寂說:「是因為你的大力支持,我才能當上皇帝啊!」於是,任命裴寂為尚書右僕射。他每天都賞賜御膳給裴寂;坐朝的時候,必定會請其同坐,散朝後也常常留其睡在內室;從不直接稱呼他的名字,而是稱他「裴監」;對其所提的意見,都是言聽計從。在當朝大臣中,像裴寂這樣豐厚的待遇,是無與倫比的。

當時,劉文靜被任命為民部尚書,他也是跟隨李淵在太原起義的功臣,在唐一統天下的征戰中,多次立下功勳。自以為功勞和才幹比裴寂高的他,對於裴寂的職位比他高這件事很不服,於是在議政的時候總與其對著幹,至此兩人更加對立了。劉文靜在家中設酒宴時,說出了心中的想法,拔刀說:「必定要將裴寂殺了!」為此,有人誣告他有謀反之心,李淵就派了裴寂等人去審訊他。他承認說:「我只有期望高官厚祿的想法,但是絕對沒有要反叛君王的心思。」但是李淵一直以來對他的就印象不好,再加上他人的讒言,便說:「他這話就是謀反的意思!」裴寂也乘機說:「劉文靜才略過人,實冠時人,心思險惡,只要不如他意就用惡言反駁,他的惡態已經彰顯出來。現在局勢還不穩定,外謀內患,如果此時不殺了他,留下來也是個後患。」這些話剛好符合李淵的心意,於是,就下令將劉文靜和他弟弟給殺了。在劉文靜臨死之前,對天長歎:「功成事定之後,出力的人反而沒有好下場!」他死的時候只有五十二歲。他的冤案直到李世民繼位第三年,也就是西元六二九年,才被平反。

西元六一九年,劉武周率兵在太原叛亂,唐兵沒法抵抗,連連敗下陣來。李淵對此很是憂愁,這時,裴寂請命去前線,他被任命為行

軍總管，允許他凡事不需請示而自行處理。裴寂領兵抵達山西臨汾的時候，劉武周派遣將軍宋金剛去守城。在裴寂率軍紮營的索度原水源稀少，宋金剛又命人將山澗的水渠給斷了，無奈之下只能移營到有水源的地方，卻被半路攔截，唐兵大敗，死傷無數，裴寂只好逃回平陽，使山西臨汾等地全部失守。之後，宋金剛率領大軍南下，逼近絳州，裴寂又請命去前線抗禦敵兵，李淵再次答應了，命他去鎮撫山西南部。但由於裴寂儒雅的性格，敵兵還沒有來，自己就亂成一團，因此最終又一次慘敗而歸。李淵多次埋怨他說：「在最初起兵的時候，你立下了大功，也得到了顯赫的官位。但這次讓你率領了足以攻破敵軍的兵力，卻如此慘敗，你不覺得愧對我嗎？」於是，李淵把他交給禮部審訊，但是不久就釋放了他，而且待他更加禮遇，每次出巡的時候就把固守京師的重任交付給他，允許他可以自己鑄造錢幣，還與其結為兒女親家。

西元六二三年，裴寂被唐高祖晉升為尚書左僕射，李淵還在含章殿賜宴祝賀。李淵那天非常高興，裴寂卻突然跪下來說道：「在太原發兵的時候，以有慈旨，等天下太平後，允許臣告老還鄉。如今四海安穩，願皇上允我回鄉種地。」李淵淚下沾襟地說：「現在還不是時候，我倆應相伴到老。到時你為臺司，我為太上皇，逍遙快活，這不更好？」所以他沒有允許裴寂告老還鄉，還每天派人去裴寂的家中值守。

唐太宗李世民即位後，仍然很禮遇裴寂。西元六二七年，唐太宗到南郊為祖先和百姓祈福，讓他和長孫無忌與其同乘一輛馬車。他推讓不肯，太宗說：「你有輔佐的功勞，無忌為我效力，除了你們兩人能夠和我同坐一車，還有誰能呢？」但是在西元六二八年之後，裴寂的仕途發生了翻天覆地的變化。

首先是有個可以自由出入兩宮的法雅和尚，在被禁止自由出入之

後，說了很多怨恨的話，被朝廷拘捕法辦。在審訊他的時候，一口咬定裴寂知道他說的許多妖言。於是裴寂被朝廷罷免了官職，俸祿減半，讓他回鄉養老。對此裴寂很不服氣，到京城找唐太宗評理。李世民說：「按說依你的才乾和功勞，地位是不可能這麼高的，只不過是先王看你對皇家有恩，才讓你位居首輔。其實，先王在位時，在國家法律和管理機制上有很多紕漏，你也是有責任的，我是念在我們之間的舊情才不加追究，對此你還不滿意什麼呢？」裴寂回到故鄉沒多久，又有一個叫信行的精神病患者，經常對裴寂的家僕說：「你家裴公是當帝王的命。」在信行死後，裴寂家中的監奴恭命把他的妖言說給裴寂聽，裴寂在恐懼的情形下沒把這事稟告朝廷，而是私下讓恭命把知道此事的家僕殺掉滅口，但恭命卻只是把家僕藏了起來。後來，恭命因得罪了裴寂，就將此事告發給京師。唐太宗非常生氣，對大臣們說：「裴寂有四條死罪：位居三公而和妖人法雅親近，是第一條罪；事情敗露之後，卻心懷不滿怨恨朝廷，說國家擁有天下，是由我所謀劃的，是第二條罪；妖人說他有天分，隱瞞不上報，是第三條罪；暗中殺人滅口，是第四條罪。我殺他並非沒有理由。參議的人多建議流放發配，朕就聽從眾人的意見吧。」於是裴寂被流放到廣西支平。

　　裴寂到達廣西支平的時候，碰上山羌作亂，有人傳說造反的僚人劫持裴寂作為君主，太宗聽說這事後說：「中國家對裴寂有活命之恩，肯定不會這樣。」沒多久，果然傳來裴寂率家僕打敗叛賊的消息。太宗想到裴寂有輔佐朝廷的功勞，徵召入朝，但不久裴寂就因病去世了，終年六十歲。

憂國憂民的房玄齡

　　在貞觀之前，房玄齡協助李世民穩定四方，鏟平群雄，爭奪皇位。唐太宗曾經稱讚他有「運籌帷幄，穩定社稷的功勞」。貞觀中，他輔佐唐太宗處理朝廷大事，總領各個機構，掌握政務長達二十年之久；參與修訂各類典章制度，主持各種律令和格敕的制定，又曾經和魏徵共同修唐禮；設置政府機構，選拔合格中央官員；善於知人善任，從不以貌取人，也不問出身貴賤，只根據才華授任；恪盡職守，不居功自傲。後世都把他和杜如晦作為良相的典範，合稱他們為「房謀杜斷」。

　　在唐太宗執政期間，房玄齡曾被封為梁國公。官拜至中書令、尚書左僕射、司空等職，參加制定各類典章制度，使唐朝律令比前朝更為寬鬆，律條也日漸完備，他參與修訂的《貞觀律》為後來的《永徽律》和中國現存最古老、最為完整的封建性刑事法典《唐律疏議》奠定了基礎。並且參與了監修國史，曾經主編了二十四史之一的《晉書》。

　　唐太宗李世民本人也是一位頗有才華的文學家。他的詩作在《全唐詩》中存在八十九首。他曾經作了〈威風賦〉來自喻並賜給了長孫無忌。用詩作〈賜房玄齡〉來歌頌、鼓勵玄齡公為國求賢的精神：「太液仙舟迴，西園引上才。未曉徵車度，雞鳴關早開。」又曾經作了〈賦秋日懸清光賜房玄齡〉一首：「秋露凝高掌，朝光上翠微。參差麗雙闕，照耀滿重闈。仙馭隨輪轉，靈烏帶影飛。臨波光定彩，入隙有圓暉。還當葵霍志，傾葉自相依。」李世民作為一位開國君王，可以為一位大臣幾次賦詩，由此可見他對玄齡公有多麼重視。

　　房玄齡的政治才能從小就體現出來了，在房玄齡年少時曾隨父親到過京師，當時正是隋文帝治國，天下臣民安樂，呈現一片太平景象，但是僅有弱冠之年的房玄齡已經能對世事有自己獨到的分析，私下裡對父親說：「隋文帝沒有什麼功德，就只知詿騙百姓。並且他從不為國家的長治久安作出努力，自己的兒子長幼不分，竟然私相淫侈，最後必會互相殘殺剷除異己。現在雖然國家表面安定太平，但是滅亡的日子不久就會到來。」在他十八歲時被舉薦為進士，獲得封號羽騎尉。但是由於自己的父親常年患重病在床，房玄齡就一直在父親床邊伺奉，為人非常孝順。那時李世民率兵路過渭北，房玄齡就到李世民的軍門投靠。兩人一見如故，相談甚歡，於是馬上就任命他為記室參軍。房玄齡為了報答李世民的知遇之恩，在他營帳下竭盡心力謀劃軍政事務。每次攻滅一方割據勢力的時候，軍中所有人都只是全力搜尋奇珍異寶，獨房玄齡跑遍四處尋訪有才之人，並把有才能的人推薦給秦王李世民。因此李世民府中的大多謀臣猛將，心中都十分感謝房玄齡當年的推薦之恩，全部盡死力報效。

　　房玄齡在秦王府中工作十多年，在此期間一直掌管軍國大事的決斷權，而且在寫軍事奏章時，不用很久就能寫完，文章言辭合情合理，從來不用打草稿。甚至高祖李淵也對房玄齡讚賞有加，曾經對自己的侍臣講：「這個人深明大義，足以輔助我兒世民成就大業。每次給世民陳述事情時，句句都能深入人心，即使在千里之外也感覺彷彿就在面前說話。」後來太子李建設計驅逐秦王府裡的官吏，房玄齡和杜如晦一起被貶斥到外地。但是「玄武門之變」前夕，李世民秘密詔令二人化裝成道士進入府中謀劃，最終使計策圓滿完成。到貞觀元年的時候，擔任中書令。後來論功行賞，太宗給房玄齡、杜如晦、長孫無忌、尉遲敬德、侯君集五人列為一等功，晉封為邢國公。

　　貞觀二年的時候，房玄齡又被改封為魏國公，擔任尚書左僕射，

並且監修國史。房玄齡盡心竭力，廢寢忘食。又加上他通情達理，執法寬鬆，不分卑賤，任人唯賢，每個談論他的人都稱他為良相。他擔任宰相長達十五年，女兒是韓王妃，兒子房遺愛迎娶了高陽公主，地位非常顯貴，但是卻為人低調，從不在人前炫耀。貞觀十八年的時候，李世民親自出征遼東高麗，命令房玄齡負責京城一切事物。

貞觀二十三年的，房玄齡舊病復發，當時的李世民正在玉華宮，聽說以後心裡非常著急就命令人用自己的擔輿把房玄齡抬到御座前，兩見面後，一時傷懷流下眼淚，甚至哽咽到不能說話。太宗親自命令太醫治療，並且每天讓御膳房給房玄齡做飯吃。房玄齡享受了幾天皇帝的待遇。一聽說他的病情有所好轉，太宗就心花怒放；聽見病情日漸加重，就馬上愁容滿面。在房玄齡臨終之時，就對諸位同僚說：「雖然現在天下太平，但是皇上不斷東討高麗，是國家最大的憂患。可是皇上主意已定，別的臣子怕冒犯龍顏不敢勸阻。如果我在明知危險而不說話，那我只會含恨而終啊。」於是，就不顧病痛上表進諫，請求唐太宗以黎明百姓為重，停止討伐高麗的戰爭。太宗看到房玄齡的表，非常感動地對房玄齡的兒媳高陽公主說：「這個人即將去世，還能為了江山社稷擔憂，真是難能可貴啊。」

在房玄齡臨終之際，李世民又親自到病床前和他握手訣別，當時即封他的兒子房遺愛作為右衛中郎將，房遺則擔任中散大夫，使他在生前能看到兒子們的顯貴。房玄齡感到受如此高的待遇，可以含笑九泉了。房玄齡享年七十歲。他死後，太宗罷朝三日以示哀悼，並封其為太尉，諡號文昭，賜他陪葬昭陵。

千古諍臣魏徵

魏徵可說為李世民的江山立下不少功勞，他好像一個警鐘時時刻刻提醒李世民，要勤政愛民。唐太宗的朝堂之上可謂人才濟濟：房玄齡、長孫無忌、尉遲敬德、杜如晦、秦叔寶……，他們要麼是跟隨李世民一起打江山，要麼和李世民有姻親關係，要麼是李世民的長期合作夥伴，和這些人相比，魏徵有些自慚形穢。

雖然在唐代並不十分看重門第出身，但出身名門望族最起碼可以有傲視他人的資本。當然如果一個人的出身無法選擇時，就要退一步，看一個人的「出處」，即是政治身份。一個人要想在千變萬化的朝廷之上站穩腳跟，那麼同時具備良好的「出身」和「出處」，就是非常重要的。但是，魏徵這兩樣東西都不具備。那麼就只能等待一位「伯樂」了，而李世民就是這位「伯樂。」

魏徵還沒出生國家就滅亡了，他硬生生從一個豪門落入寒門。魏徵為了實現志向不斷在尋找主人，他先後或主動或被動地改變了五次主人：先是投舉兵反隋的武陽郡丞元寶藏；接著是瓦崗寨首領李密；後又跟隨李密降唐效力於李淵；不久又因被俘開始為另一個義軍首領竇建德效命；竇建德兵敗後，魏徵開始作為李建成的主要謀士鞍前馬後，在此期間，他曾為李建成獻出過及早動手除掉李世民的毒計。

魏徵辛苦了幾十年，連個穩定的根據地都沒有找到，每一次找主人都找錯了地方，這些就是魏徵在為李世民效命之前所有的政治履歷。在「玄武門之變」後，李世民乾淨俐落地幹掉了李建成一群人，當所有的人都認為魏徵這次玩兒完了的時候。李世民卻下令給予他厚待，其實這是因為魏徵聰明，他義正辭嚴的言談打動了李世民，李世

民才決定起用魏徵，如果魏徵當時痛哭流涕請求饒命，那李世民一定會毫不留情把他處決了。他靠自己的才華和膽量為自己贏得了一個施展才華的舞臺。跟隨李世民後魏徵才覺得英雄有了用武之地。雖然魏徵找到了屬於自己的天地，但在當時仍然不免遭人非議，時人曾辱罵魏徵「有奶便是娘」。李世民面前的第一紅人、長孫皇后的兄長長孫無忌曾語帶譏刺地對魏徵說：「當年您可是李建成的大紅人，看不上我們這些人，沒有想到今日居然能跟我們同席飲酒。」大家可以想像出，魏徵當年是頂著著多大的道德和輿論壓力。

魏徵是一位縱橫家，當年靠「縱橫之說」保住了自己的性命，但是如果不能有所成就，他的人頭仍然隨時會被那幫虎視眈眈的前政敵們惦記著。和李世民那些自恃功勳卓著的同僚相比，「縱橫之說」是魏徵的唯一資本，正因為如此魏徵也只好一條道走到黑，充分發揮自己的勸諫特長，將「縱橫之說」推演到極致。

魏徵充分利用李世民對他剛建立起來的好感並用自己的縱橫特長，大大方方地讓李世民明白了中國人最難以判斷兩個詞──「忠臣」與「良臣」的本質差別：「良臣」就是能輔助君主取得尊貴的聲譽，讓自己的美名，子孫代代相傳，福祿無疆的臣子；「忠臣」就是自身遭受殺戮的禍患，又讓自己的君主背上陷害忠臣的惡名，使「小家」和「大家」都遭受到損失，只留下空名的臣子。魏徵把這兩個詞解釋得透徹如水，並讓李世民陷入了一個套中──從現在開始，我將正式啟動我的「縱橫」程序──盡情進諫。因此，我的腦袋可能隨時會搬家，你如果生氣殺我呢，那我就成為「忠臣」；你如果選擇不殺我呢，那就是讓我成為「良臣」。讓我成為「良臣」，是一個「雙贏」的局面；讓我成「忠臣」，那咱們「雙輸」。魏徵這一做法非常聰明，他將自己擺在了道德高的地位上，從而讓唐太宗處於被動。如果李世民不想笑著走進歷史，哪能老老實實地接受魏徵的進諫呢？

　　在李世民的朝堂之上，魏徵以其「縱橫術」開始了他的縱橫馳騁。他漸漸把整個朝廷變成了自己唱獨角戲的地方。於是，在朝堂上經常看到了一個成功的「持不同政見者」的形象：

　　直諫成了魏徵生存的唯一武器，成了他邀寵的法寶，甚至李世民有一天就情不自禁地說：「人言魏徵舉動疏慢，我但覺其嫵媚。」魏徵終於因其「縱橫之術」取得了巨大的成功。魏徵進諫不僅包括朝政，后妃王宮貴族行為不端，他依然會犯顏直諫。唐太宗曾以皇帝的身份總結道：在我當皇帝之前，房玄齡的功勞最大，而我登基後之後，功勞最大的就是魏徵。至此魏徵終於可以在那些自恃極高的同僚面前挺直腰板了。

　　時間如白駒過隙，魏徵的縱橫人生終於走到了生命的盡頭。當魏徵生命垂危時，唐太宗親自前去探望，面對皇帝關切的目光，魏徵再次顯出縱橫家本色，他對身後之事沒有提任何要求，只是用微弱的聲音說道：「我死了不要緊，就是擔心國家的興盛。」

　　唐太宗為此深為感動，魏徵死後，唐太宗親臨魏府向魏徵遺體告別。並在魏徵的追悼會上，高度讚揚了魏徵的一生，稱讚他是帝國的驕傲，認為魏徵的死是帝國不可彌補的損失，魏徵可謂雖死猶榮。

　　太宗與魏徵之間的關係是難能可貴的。由於二者相互的塑造，使得帝王成了明君，諫臣成了良臣，可說是魏徵幫李世民洗刷了「玄武門之變」的鮮血，使李世民以一個明君的形象示人，幫李世民在歷史上留下來一個好名聲。

棟樑之才杜如晦

　　隋煬帝慘無人道的統治，致使民怨四起，於是，揭竿而起在當時已是常事，農民起義此起彼伏。但是，杜如晦因為出身的原因，不可能參加到農民起義中，於是，和房玄齡一樣，密切關注著時局的變化。西元六一七年太原留守李淵率領軍隊在晉陽舉兵反隋。由於李淵得到民心，又加上策略得當，二公子李世民又英勇善戰，所以，反隋戰鬥進行得很順利。等到李淵父子入主長安以後，杜如晦見天下大局已定，又瞭解到李世民英明神武，並且樂意廣結天下有志之士，於是便決定把自己的性命壓到李世民身上。

　　後又幾經波折，李淵終於稱帝，但是李世民手下的良臣謀士被調往外地任職，因此李世民擔心不已。但是擔任李世民記室的房玄齡對他說：「雖然府上有很多人被調往外地，但是失去他們並不可惜。然而杜如晦除外，他擁有大智慧，是輔佐帝王將相的良才。如果秦王將來想成就霸業，那必將離不開他。」李世民對房玄齡舉薦杜如晦的這一番話，很是吃驚，他對房玄齡說：「如果不是你提醒，那我就失去他了！」於是李世民馬上去請求自己的父親，硬是把杜如晦留了下來，仍然擔任秦王府裡的屬官。但是從此後，李世民就把杜如晦視為自己的心腹，每次都要與他商討軍國大事。

　　李淵登基後各方面的威脅仍然很多，於是李世民理所當然得去幫父親消除，而在平叛這方面杜如晦是幫了很大忙的。他在軍中統籌大局，對作戰雙方的情況判斷準確及時，由於他傑出的才能，杜如晦受到了軍隊裡所有人的讚賞。杜如晦也由此升官，李世民擔任陝東道大行臺尚書令的時候，任命杜如晦為大行臺司勳郎中，並給他封爵並賜

封地建平縣南，管轄地區有三百戶人家。不久以後又兼任文學館大學士。

文學館是李世民專門為了接待四面八方的文人雅士而開設的。在十八學士中，杜如晦是其中的佼佼者。李世民曾經命令畫師描摹了十八學士的肖像並且收藏在自己書房。李世民曾經稱讚杜如晦的畫像說：「長相文雅，並且有忠君報國的烈骨，以後一定能流芳百世。」由此可見，李世民對杜如晦非常重視，當李世民被封為天策上將後，擁有自己的府衙和官僚，又封杜如晦為天策府中的從事中郎，成為天策府的高級主事者。

李世民在平定叛軍中立下不少功勞，於是他的威望日漸超過他的太子大哥，為自己引來了殺身之禍，李建成和李元吉幾次設計要殺死他。對於這種情況他手下的謀臣擔心不已。杜如晦、房玄齡和長孫無忌等都認為，必須要先發制人才能改變這種被動的局面，他們都勸李世民要早作決斷，盡快除掉大威脅李建成和李元吉，以保證國家的穩定安康。當然，李建成也知道杜如晦一直想要他的命，於是想方設法除掉秦王府的武將和謀士。不過經過一系列策劃沒有獲得成功。最後他們在李淵面前惡意中傷房玄齡、杜如晦。李淵居然聽信讒言，把房、杜二人驅逐出秦王府。西元六二六年夏，突厥數萬騎兵侵擾大唐邊境。李建成於是策劃瓦解、分化秦王府的精兵強將。他極力向李淵推薦，任命李元吉代李世民出征。李元吉又上奏請求把秦王府的猛將段志玄、遲尉敬德、秦叔寶、程知節等歸自己調用，以增強自己的北征實力。這一目的實際上就要挖空李世民的實力。

李世民感覺到已經非常危險，於是和高士廉、長孫無忌、遲尉敬德等商議對策，並派人秘密帶領房、杜二人進秦王府，密謀策劃了「玄武門之變」。成功殺死了李建成和李元吉，接著又在謀臣的鼓動下，李世民迫使李淵立他為太子。此時軍政大權已徹底落在李世民手

上，李世民馬上任命杜如晦為左庶子，幫助他一起處理朝中政事。在西元六二八年的七月，又任命杜如晦為吏部尚書。武德九年八月，李世民即位，改元貞觀，尊他的父親李淵為太上皇。李世民取得帝位以後，對手下的群臣論功行賞，因為房玄齡、杜如晦等五人功勞最大於是晉封杜如晦為蔡國公，管轄一千三百戶人。西元六二八年杜如晦又被升為檢校侍中，兼支部尚書。其實也就是名副其實的宰相。

杜如晦既擔任宰相，又是吏部尚書，掌管著著選賢任能的大權，於是他在引薦賢才，罷除貪官污吏等方面，做出了很多努力，杜如晦在任用人才的時候，更講究實踐。當時其它官員往往注重文采，而不去瞭解他們的品德。杜如晦錄用人才的機制是，首先由川郡推薦，然後再進行實際考核錄用。在臨終前他還不忘推薦正直不阿的戴冑做支部尚書。杜如晦對於理政治國方面可說非常有天分。

在唐朝初期，國家一切典章制度的設立都離不開杜如晦和房玄齡，杜如晦雖然身居高位，卻為人低調，並且對李世民的一些錯誤的決定敢於直言以對。他寬厚待人，雍容大度。貞觀三年的十二月，杜如晦因為得重病而辭去宰相的職務。在他病重期間，唐太宗曾經親自前往探視。對於杜如晦的英年早逝，唐太宗感到非常悲痛，曾以「三日不上朝」來表達對杜如晦的哀悼，杜如晦死後被封為司空，又賜封號萊國公。

兩朝元老長孫無忌

　　長孫無忌歷經唐太宗和唐高宗兩代皇帝，貞觀朝時功臣濟濟，只說那些被唐太宗畫像掛在淩煙閣的有特殊貢獻的就有二十四位，但是長孫無忌被位列首位。但是，如果就才能而論的話，他在眾多謀臣猛將、良宰賢相中絕對算不上是最出眾的，但是若從和唐太宗的關係來看，卻是唐太宗絕頂的腹心。因為受到唐太宗特殊的信任，長孫無忌不僅在貞觀朝發揮了主要作用，而且深受重託輔佐高宗，成為了唐朝初期政治史上的比較特殊的人物。

　　長孫無忌的祖先，出身於北魏的皇族拓跋氏一脈，因為立下了特殊的功勞，所以後來被改姓為長孫氏。長孫氏作為北魏時期的士族高門，在當時屬於軍事貴族的派系。但長孫無忌本人，雖然在軍事方面很有謀略，但是並不擅長領兵打仗，所以唐太宗用這樣的話來形容他說：「非常聰明，領悟力極強」，「但是率兵打仗，非君所長」。其實出現這種情況和他早年的經歷有關。由於長孫無忌的父親去世比較早，所以他和妹妹一起在舅父高士廉的家中長大。高士廉這個人很少玩弄武器方面的東西，而對文史古籍頗有研究，因此有很高的才華和名望。於是在這樣的一個文化素養氛圍高的家庭中長大，長孫氏兄妹受到了非常好的文化教育。長孫無忌「好學，博覽文史」，妹妹也是從小就愛讀書，非常遵從禮儀。他的舅父高士廉很有識人的慧眼，很早就和李淵父子結交，並發現李世民是個難得的人才，於是先下手為強，把長孫無忌的妹妹嫁給了李世民，等到後來李世民登基做皇帝，就冊封了長孫氏為皇后。因為長孫無忌的年齡和李世民相近，所以二人從小交往就很好，後來又成為了親戚，兩人的關係就更加親密了。

　　一直從李淵父子在晉陽起兵反隋開始，到大唐王朝的建立，再到天下統一，長孫無忌一直跟隨在李世民身邊東征西討，但是並沒有表現出顯赫之功。他正式在政治舞臺上開始顯露頭角，是在李世民兄弟相殘的「玄武門事變」中。唐朝建立以後，李淵統治集團內部發生分裂，最為突出的矛盾就是太子李建成和秦王李世民之間為了爭奪皇位而掀起的大浪。憑藉李世民的才能、威信和接踵而至的赫赫軍功，不僅是他本人產生了奪取皇位的野心，也引起了太子李建成的嫉妒和不安。開始時是李建成為了保護自己的位置而想對李世民下毒手，但是沒有成功。最後李世民被逼急了，就召集自己的一班謀臣進行策劃，房玄齡對李世民說既然已經產生嫌隙，就應該先下手為強，長孫無忌聽後說：「我心裡這樣想已經很久了，只是沒有說出來而已。」於是，房玄齡、杜如晦、長孫無忌等人就一起勸李世民要先發制人，認為只有這樣做才能處於安全的境地。

　　這個時候太子李建成和齊王李元吉也正在加緊除掉李世民的活動，於是就用重金收買了李世民的部將尉遲敬德，但是遭到了拒絕，然後又去行刺李世民，但是都沒有得逞。於是李建成就對李元吉說：「秦王府裡人才很多，讓我們感到有威脅的就是房玄齡和杜如晦。」於是，他們就向李淵進讒言誣陷這兩個人，最後把他們逐出了秦王府。這樣李世民府中可以依賴的人就只有長孫無忌了。長孫無忌態度很堅決支持房玄齡的政變建議，就和舅父高士廉以及秦王的部將侯君集、尉遲敬德等人整天勸李世民先誅殺了太子和齊王。正在李世民猶豫不決的時候，於是就和靈州都督李靖進行商議，徵求了擔任行軍總管的李世績的意見，但是，二人都表示不同意這麼幹。正在這個時候，突厥兵突然南下侵犯大唐，按照慣例應該由李世民領兵抵抗，但是這次李建成推薦李元吉督軍北征，並且抽調了秦王府的將領尉遲敬德一同前去。他們的目的非常明顯，就是想借機架空秦王府的強兵猛

將，並且已經計劃好在為李元吉餞行的時候就殺掉李世民。李世民得知消息以後，立即就和長孫無忌等人商量對策，後來又派長孫無忌秘密召回了房玄齡、杜如晦，共同策劃了「玄武門兵變」。六月四日，李世民率領長孫無忌等十人，一起在玄武門成功地設計伏殺了李建成、李元吉二人。

可以說在李世民爭奪皇位繼承權的這場兵變中，長孫無忌算得上是首功之人。因為在醞釀政變的時候，他態度非常堅決，並且竭力勸諫；又在準備發動政變的時候，他日夜來回奔波，內外聯絡消息；在政變發生之時，他不害怕危險，親自到玄武門內。所以說唐太宗至死都不會忘記長孫無忌的輔佐的功勞，臨死前仍然對大臣們說：「我之所以得到天下就是他的功勞。」

長孫無忌幫助李世民登上皇位以後，又奉命輔佐唐高宗，可是唐高宗為人懦弱，胸無大志，又深受武則天的魅惑，是一個扶不起的阿斗，最后皇權被竊奪。

當太宗病重的時候高宗侍奉太宗因而結識了武則天，後來武則天進入感業寺修行，但是高宗去感業寺上香又遇到了武則天，把武則天帶入了宮中。最後武則天要做皇后，但是長孫無忌竭力反對，武則天採取手段討好長孫無忌但都無效。

在西元六五五年，唐高宗最後不顧大臣們冒死直諫的阻止，堅決下詔廢了王皇后和蕭淑妃，冊立了武則天為皇后。武則天成為皇后以後最恨的就是長孫無忌，但是因為他是高宗的舅舅，要搞垮他需要時機。在西元六五九年，在武則天終於找到時機，讓許敬宗費盡心機，把長孫無忌誣陷進了一樁朋黨案，對他進行惡毒的陷害。許敬宗就借助處理太子洗馬韋季方和監察御史李巢朋黨案的機會，向高宗上奏誣陷韋季方和長孫元忌勾結陷害忠臣近戚，要奪取大權，發動謀反。唐高宗最後禁不住別有用心之人的挑撥，把自己的舅舅削去了官職，貶

到黔州。而且長孫無忌的兒子以及宗族全被遭到株連，有的被流放，有的被殺害，最後長孫無忌被逼死。長孫無忌一生忠於大唐王朝。作為大唐朝的開國功臣，他既不居功，也不自傲，全心全力協助唐太宗、唐高宗處理朝政，可以說為唐朝的穩定和發展立下了不菲的功勞。但是最終仍然死在了宮廷鬥爭裡。

賢相狄仁傑

　　狄仁傑自小家庭條件富裕，出身於庶族官僚家庭。他的爺爺叫狄孝緒，在唐太宗時擔任尚書左丞。父親名叫狄知遜官位最高到州長史。封建家庭出身的他，自小受到嚴格的教育，長大後考明經獲得官位，一開始擔任汴州參軍。然而當官不久，就被貪官污吏污蔑他不聽管教，他的案子由閻立本負責審理。在審訊期間，狄仁傑據理力爭，把自己的冤情一一陳述。閻立本也發現是誣告，並且發現仁傑才學出眾，確實是一顆「滄海遺珠」，於是舉薦他到并州擔任法曹參軍。

　　是金子總是會發光的，狄仁傑就是名副其實的金子。西元六六○年，唐高宗李治帶著皇后武則天到汾陽宮遊玩，途中經過并州太原。當時并州長吏名叫李沖玄，因去汾陽官路經過并州境內的妒女祠，他害怕皇后會發生不測，於是徵召官吏民眾數萬人修築道路，並以此來取悅皇帝與皇后。狄仁傑知道後卻竭力反對，於是免去了一場勞民傷財的繁重勞役。高宗知道這個消息後，稱讚狄仁傑是真丈夫矣。從此狄仁傑這顆金子仕途上開始扶搖直上。

　　西元六七六年，狄仁傑升為大理丞，掌管國家刑法方面的權力。他在任內勤勤懇懇，清正廉明，平反了很多冤案。贏得人民的稱讚。就在他升任大理丞的那年九月，左威衛大將軍權善才和右監門中郎將範懷義因為誤砍了太宗昭陵柏樹，唐高宗大怒下令將他們處死。仁傑接到高宗斬殺兩將的聖旨後，據理上奏高宗道：「國家的法律很明確，兩位將軍罪不至死。」高宗聽他這麼說覺得很沒面子，滿臉不高興地說：「聖旨已下，君無戲言。」狄仁傑冒死直諫：「今天就因為失誤砍了一棵樹，就要殺兩位將軍，那麼犯強盜罪的惡人該怎麼處

置？陛下把不該殺的人殺了，不遵守法律，天下百姓會怎麼議論您呢？」高宗覺得他說的有道理，於是收回了命令，改為流放。因為這件事狄仁傑名震京師。

後來，狄仁傑辭去大理丞的官位，到地方去做官，擔任寧州的刺史。寧州地處偏僻，是各民族雜居的地方。狄仁傑到任後，採取措施，使各民族和樂相處，受到了當地人民的愛戴，甚至為他刻碑立傳。狄仁傑離開時人們夾道相送。

西元六八八年六月，武則天特任命狄仁傑為江南巡撫大使，巡察江南地區。狄仁傑到達後，看到當地人們崇尚祭祀拜神，非常的勞民傷財。於是上奏武則天請求廢除這個風俗。武則天立即准奏，於是狄仁傑毀掉那些愚昧人心的鬼神之說，只留下了值得人民紀念和歌頌的夏禹、季札、吳泰伯、伍子胥等四種神祠，供人們祭祀。

西元六八八年，是武則天廢黜中宗之後，操縱朝政的第五個年頭，她統治時期開始了頻繁的政治鬥爭，打擊士族貴族官僚，扶植庶族地主，這些行為引起了唐朝貴族李貞的不滿，於是他和豫州刺史琅琊王李沖起兵造反。但由於得不到人們的支持，最終以失敗告終。李貞在兵敗後羞憤自殺。豫州的官民聽說由宰相張光輔統帥的軍隊要到達豫州，於是紛紛出城迎接。可是張光輔所率的三十萬軍隊，卻為了立戰功，去肆意屠殺無辜的老百姓。後來又為了查出李貞的同黨又四處抓捕無辜的百姓，一時豫州冤獄無數。正在這個時候，狄仁傑從江南巡視回到朝中，卸去了江南道巡撫大使的官職，接受武則天的任命到豫州擔任刺史的職位。當他到豫州後看到冤獄橫行的情況內心非常不安。於是一面下令平反冤情一面向武則天請求從輕處置。武則天知道狄仁傑一向剛正不阿，所以上奏的情況一定屬實，於是下令把那些死囚免去死罪改為流放豐州，這些流放的人在去豐州的時候路過寧州，狄仁傑曾經在這裡做過官，寧州百姓熱情接待了流放的犯人，並

且說：「是狄仁傑讓你們活了下來。」於是流放的犯人和寧州百姓在為狄仁傑所立的德政碑下痛哭，表示對狄仁傑的感激之情。

但狄仁傑卻因為豫州的事件得罪了宰相張光輔，他指責狄仁傑輕視將帥，並且惡意中傷，狄仁傑不畏懼強權，據理力爭指責張光輔和李貞一樣殘暴，這下徹底得罪了張光輔。最後張光輔回朝以後上奏武則天說狄仁傑以下犯上、桀驁不馴、妄自尊大。武則天輕信他的一面之詞把狄仁傑貶為復州刺史，後來又降為洛州司馬。

在西元六九一年，武則天發現自己對張光輔偏聽偏信，讓狄仁傑蒙受了不白之冤。發現錯誤以後立即改正，於是馬上把仁傑調回了京城，並對他委以重任，提升他為戶部侍郎和宰相等要職。然而好景不長，西元六九二年的春天，武則天又偏信了她的寵臣、酷吏來俊臣的讒言，認為狄仁傑與人策劃謀反。當時，正好是武則天稱帝的第三年，她為了鞏固自己的大周政權，大肆任用酷吏，實行告密機制，對唐朝的開國元勳及李氏的貴族宗室，進行誣陷並大開殺戒。狄仁傑也因此獲罪，被逮捕入獄。可是武則天對狄仁傑謀反的事存有疑惑，於是派事中李嶠、大理寺少卿張德裕進行查實，豈料他們二人怕得罪酷吏於是也誣陷了狄仁傑謀反。幸虧狄仁傑機敏過人，把自己的申冤狀藏到冬天穿的棉衣裡，並藉口天熱讓獄吏幫他把衣服帶回家裡，當他的兒子拆洗棉衣時發現了申冤狀，於是帶著申冤狀向武則天申訴，最終免去了狄仁傑的牢獄之苦。

武則天晚年的時候，越來越昏庸，但是卻越來越信任狄仁傑。武則天為了求長生不老藥大肆修建寺廟煉製丹藥，狄仁傑奉勸武則天以國家為重，敬佛要靠心誠不在於花費多少錢財。武氏都聽從了狄仁傑的諫言。武則天經常稱狄仁傑為「國老」，可見對狄仁傑的重視。狄仁傑年老以後也曾多次請求告老還鄉，武則天一概不准奏，每次覲見武則天都免除他的跪拜之禮。西元七〇〇年狄仁傑病故，武則天非常

傷心，並說從此朝堂無可用之人。由此表明武則天對狄仁傑的重視，到唐睿宗時又追封狄仁傑為梁國公。

狄仁傑，青年時入朝為官，為唐王朝效命數十年。他作為封建王朝的政治家，盡忠於皇室，為李氏、武氏竭盡全力，鞠躬盡瘁。為官之時勤政愛民，政績卓著；不畏懼惡勢力，敢於直言進諫，受到後世的擁戴。狄仁傑的歷史功績昭彰後世。

「救時宰相」姚崇

　　姚崇自幼受父親影響，孜孜好學，胸懷大志，長大入朝論政，對答如流，下筆成章，且敢說敢做，為官清廉，關注民生，為百姓謀福利。在武則天掌權二十年的過程中，雖然任用一些賢才為宰相，但也任用了一些奸佞小人，株連冤死很多無辜的人，使得朝野人心惶惶。西元六九七年，武則天對朝臣說：「前些時候，周興、來俊臣審理案件，多有牽連到朝廷大臣，說是他們反叛，國家法律擺在這裡，他們怎麼能夠違反呢？其中我也懷疑有冤枉的，就派近臣到監獄中去審問，得到他們手寫的狀紙，都是自己承認有罪，我就不懷疑了。自從周興、來俊臣死後，就聽不到謀反的事了。」夏官侍郎姚崇直率而又誠懇地陳述了自己的看法，他說：「西元六八五到西元六八八年間，被告得家破人亡的，都是冤枉，都是被誣。告密的人為了立功，都在羅織人罪，情況比漢朝的黨錮之禍還要厲害。陛下派人到監中查問，被派去的人自身也難於保全，怎麼敢去動搖原案呢？被問的想要翻案，又怕遭到毒手。全靠老天保祐，皇上你醒悟過來，誅殺了壞人，朝廷才安定下來。以後，我以自身及全家百口人的性命擔保，現在內外官員中再也沒有謀反的人。」對於他的直言武則天非常高興，說：「之前的宰相都順應著促成這事，害得我成了個濫行刑罰的君主。聽了你所說的，很是符合我的心意。」於是賞賜姚崇千兩白銀。

　　中宗和睿宗時期，姚崇做過好幾個州的刺史或長史。在做地方官期間，他政績卓越，有些地方為記載他的功德還樹立碑刻。但這僅是他輝煌人生中的點滴而已。

　　武則天在位時，升姚崇為相王李旦府長史。睿宗李旦繼位後，任

命姚崇為宰相,這是他第二次當宰相。因太平公主想走母親的道路,掌握大權。姚崇向李旦建議將太平公主安置洛陽,諸王派往各州,確保東宮李隆基之位。昏庸的睿宗李旦如實轉告太平公主,使事情敗露。李隆基為爭取主動,以姚崇挑撥皇上與兄妹關係為由,貶姚崇為地方官。這任宰相在職還不到一年。

唐玄宗李隆基即位之後,朝廷機構臃腫,貪污腐敗嚴重,他為了重整朝政,完善機制,銳意改新,就必須選擇一位才幹出眾的賢臣來幫他革新吏治。

在此期間太平公主的勢力越來越龐大,李隆基按捺不住,決定隱瞞睿宗,將太平公主及其餘孽一舉拿下。西元七一三年,玄宗李隆基即位,在新豐舉行盛大的閱兵儀式。各地的官員都要去皇帝的行營朝見,此時姚崇被任命為陝西刺史,再加上玄宗的秘密召喚,所以他必須去。姚崇到行營的時候,正好玄宗在打獵,於是就讓非常擅長打獵的他加入了行列。他在獵場指揮隊伍,呼鷹放犬,投槍射箭,進退有序,玄宗對他的表現很滿意。打完獵之後,玄宗與他探討國家大事,他直接表示出自己的意見,毫不含糊。玄宗聽了後,說:「這宰相的職位應該讓你做。」姚崇知道玄宗是個胸襟寬廣,勇於進取,想把國家治理好的人,便說:「我有十項建議,陛下可以考慮一下,如果不能做好,那我也不能做這宰相。」玄宗要他先說說看。

姚崇這才向玄宗提出:「廢除武后時所定的嚴刑峻法;息兵休戰,不求邊功;公平執法,不論是皇親國戚還是平民百姓皆一視同仁;宦官不得干政;精簡稅目,廢除苛捐雜稅;皇族或外戚不得擔任臺省官;皇上應禮賢下士;皇上應虛懷納諫;不再增建道寺、佛寺及宮殿;限制外戚干政。」玄宗聽了,情緒久久不能平靜,說道:「這正是這十幾年間混亂政治的十種積弊。」於是第二天,就正式任命姚崇為宰相。

在開元時期，身為宰相的姚崇，自己卻沒有院宅，全家人都住在離朝廷很遠的地方。因家住的遠，上朝處理完政務後他回不了家，只能住在一個寺院裡。期間有一次，姚崇生了重病，皇上就讓源乾曜處置政務，每有處理不了的事情，就到寺院裡向姚崇求教。源乾曜非常敬佩他為政以公，清廉簡樸，就請奏皇上讓姚崇住進四方館，但姚崇卻堅決謝絕了。

西元七一六年，山東蝗災嚴重，老百姓靠祭拜來滅蟲，坐視蝗蟲吃禾苗卻不敢去捕殺。姚崇上奏皇上說，說：「《詩經》說：『抓住那吃禾苗的害蟲，扔到烈火中焚燒。』漢光武帝曾下詔：『鼓勵順應當時災情的法令，獎勵關農桑的做法，消滅那吃禾苗的所有害蟲。』這是消滅蝗災的正義主張。況且，蝗蟲怕人，容易驅除，加上地都有主人，讓他們各自搶救自己的土地，他們一定不怕勞苦。請皇上恩准連夜堆設火場，砍出隔離道，邊焚燒邊掩埋，蝗蟲就可以捕殺乾淨。」玄宗說：「蝗災是天災，是因為德行不好才發生的，現在去撲殺蝗蟲，不是違背天意嗎？」姚崇又說：「捕殺蝗蟲，之前就有人做，陛下只是效仿古人，再說這關係國家今年的收成，希望陛下能好好考慮。」玄宗被他說服。朝廷內外那些之前反對的人都因怕被處死，就沒再反對了。於是派御史作為捕蝗使，指揮老百姓大規模捕殺蝗蟲。最終取得了很好成效，百姓當年的收成也較好。

來年，山東再次發生蝗災，姚崇按之前的方法，派官員去督促捕殺，朝廷官員卻又都反對捕殺蝗蟲。玄宗也有些猶豫，便和姚崇商量。姚崇說：「這些官員思想迂腐，只知道照本宣科，卻不懂得適時的變通。」之後他列舉了歷史上蝗災帶來的嚴重後果。又說：「現在山東遍地都是蝗蟲，百姓沒有收成就得餓死，事關重大，不能墨守成規，一切後果我來承擔。」再一次說服了玄宗。

河南刺史倪若水拒絕執行命令，並上書說：「消除天災應當憑藉

德行。」姚崇知道後，十分憤怒，給他寫信說：「劉聰是一個不合法的國君，他的德行不能勝過妖邪。現在是聖明的朝代，那些妖邪不能勝過君主的高尚德行。古代賢良的長官，蝗蟲躲開他管轄的地區。您說修養德行可以免除災害，那麼河南現在的災情是因為您沒有德行才如此的嗎彝現在您眼看著蝗蟲吃禾苗無動於衷，忍心不救，會造成今年沒有收成，刺使您怎麼解釋彝」倪若水害怕了，便開始大規模捕蝗，共捕得蝗蟲十四萬石。對另一個反對的宰相盧懷慎，姚崇也動之以情，曉之以理來證明撲殺蝗蟲是可行的。為了蝗災能夠有效地得到制止，官府還設立了獎勵，為此儘管連年都發生蝗災，災區也沒有發生大的饑荒。

姚崇不屈不撓，堅持到底的實踐精神，在今天看來，仍然讓人十分敬佩。

姚崇在數位官員的反對下，力排眾議成功戰勝了蝗災，但這並沒有給他帶來晉升和賞賜，相反，姚崇在不久之後還失去了宰相職位。緣由是姚崇有一個下屬犯了法，姚崇想保他不被玄宗懲辦，恰好此時京師大赦，玄宗卻特意沒有赦免他的下屬。機智的姚崇知道，玄宗的目標不是他的這個下屬，而是他自己，於是請辭了宰相職務，並推舉宋璟來擔任宰相。

西元七二一年，七十二歲的三朝宰相姚崇去世。當時，國家經濟條件比較好，社會上尤其是在官吏中流行厚葬。對此姚崇非常反感，向他人列舉古代聖賢之人薄葬的事情來批評厚葬之風。在他去世之前，給子孫留下了遺囑：只准為他薄葬，不要抄經寫像等，並囑咐將這永遠作為家法，告誡他的子孫們在去世以後，也只能薄葬。姚崇簡單、節儉辦理後事的事情，在後世也被傳為佳話。

文質彬彬的宰輔張說

　　張說寫作的文章構思細緻周密，在他年輕的時候就有很高的水準。西元六八八年，武則天親自到洛陽城南門當主考官，策試賢良方正，張說接受皇帝的詔命，以全國第一名的對策贏得了這次考試。武則天以為最近的朝代中沒有甲科這個等級，於是就讓張說很委屈的拿了個乙等的名次，武則天任命他擔任為替太子校理典籍的官員，晉升為左補闕。

　　西元七〇一年，皇上頒佈聖旨在張昌宗和李嶠的統管下，命張說與徐堅等人編撰《三教珠英》。無奈張昌宗是個胸無點墨的人，只知道到套用文詞，高談闊論，多年來一直沒有下筆撰寫。只有張說和徐堅兩個人構思精細開始撰寫，以「《文思博要》為原本，加入《姓氏》、《親族》二部，條理清楚」。等書編撰好了後，張說被晉升為右史、內供奉，兼職知考功貢舉事，後來又提升為鳳閣舍人。

　　西元七〇三年，女皇武則天的男寵張昌宗以「與人議論謀反」的名義，誣陷御史大夫魏元忠，並威脅張說為其作證，張說答應了。但在上堂作證的時候，張說卻義正辭嚴地對女皇說：「望陛下高見，當著陛下的面他就敢如此威脅臣，更何況是在外面了。今天對堂作證，臣不敢不說實話，臣從來沒有聽過魏元忠議論謀反的話，是張昌宗逼迫臣作偽證來誣陷他！」張昌宗看到陰謀敗露，無法隱瞞後，又惱羞成怒地反誣說他和魏元忠一起謀反。張說又依據事理來辯駁他說：「難道我會不知道今天如果附和張昌宗就可以馬上升官發財，附和魏元忠就會立即被滅族！但臣怕魏元忠冤魂不散，不敢誣陷他。」張說理正詞嚴，保護了正直的大臣魏元忠，將張昌宗的不法作為給揭穿

了，但武則天卻反認為張說是個反覆無常的小人，不分青紅皂白地將無辜的張說流放於嶺外。

唐中宗李顯復位後，張說被晉升為兵部員外郎，來後又轉職為工部侍郎。在西元七〇七年到西元七〇九年間，張說因為母親的去世而離職為其母戴孝，還沒有過服喪期，唐中宗就想為他恢復官職，授予他黃門侍郎的職位，在那個「風教頹紊，多以起復為榮」時期，張說卻推辭不肯接受，有遠見卓識的人對此都很讚賞。等到服喪期過了後，中宗復授他工部侍郎的官職，沒過多久就被晉升為兵部侍郎兼弘文館學士。

西元七一〇年，唐睿宗李旦即位後，張說升職為中書侍郎兼任雍州長史。這年秋天的時候，想要篡奪皇位的譙王李重福暗中進入京城洛陽，兵敗後，駐守京城的官員緝拿了一百多個他的黨羽，審理了好幾個月，卻久久沒有作出判決，皇上只好派張說去審訊。張說立即就將此案查了個水落石出，只用了一個晚上就將譙王的主謀張靈均等人給逮捕了，交代了全部的罪狀，其它被誤捕的人全被無罪釋放了。張說處理公務時有才幹又有經驗，因此睿宗誇讚他說：「卿在辦理此案的時候，既沒有冤枉好人，又將罪人繩之以法。如果卿不是個忠誠正直的人，怎麼能將事辦成這樣呢？」西元七一一年，就讓他監修國史。

當時，李隆基以太子的身份居住在東宮，張說是太子的侍讀，受盡了禮遇和尊敬。太平公主是太子的姑媽，她與壞人狼狽為奸，謀劃將太子廢除，干涉朝政。唐睿宗曾在西元七一一年二月，對大臣們說：「有人進言，在五天之內宮中會有戰亂，卿等為朕做好準備。」大臣們都知道，顯而易見是有人故意要分裂父子倆的關係，使太子的地位不保，大家面面相覷，不知道如何是好。張說心直口快地說：「這是小人的計謀，來動搖太子的地位。如果陛下讓太子監國，確定

君臣的名分，自然就沒有人伺隙圖謀。」聽完他的話睿宗非常高興，當天就下旨讓太子監國。西元七一二年，又下旨禪位給太子。

雖然睿宗位居太上皇，但仍然將朝政大權掌握在手中。於是，太平公主仍然依仗睿宗的權勢干涉政事，肆無忌憚地謀害玄宗。對於張說不迎合依附她感到十分嫉恨，便請奏睿宗，把他貶為尚書左丞，出任東都留守。張說洞悉太平公主及其黨羽暗中有特別的計謀，於是派遣使者給玄宗獻上了一把佩刀，示意他要決斷行事，將太平公主及其黨羽徹底消滅。在解決了想要謀亂的太平公主後，唐玄宗立即下旨任張說為拜中書令，並將他封為燕國公。

西元七一三年十月，玄宗想把同州刺史姚崇召回朝廷當丞相。由於張說和姚崇的關係不和睦，張說就暗中指使人去檢舉姚崇，玄宗卻不加理會。接著，張說又讓人去跟玄宗建議，將姚崇任命為山西總管，來阻撓姚崇當丞相。玄宗知道這都是張說的主意，便不管他的暗中破壞，仍然讓姚崇當了宰相。姚崇上任後，告發了張說私下到岐王李範家中訴說誠意的事情，於是他被貶為相州刺史。

因又受到其它事情的牽連，被貶沒多久的張說，再被貶為岳州刺史。當蘇頲擢當上宰相後，跟他父親蘇瓌是好朋友的張說，給他獻上了其中一則是記蘇瓌事的〈五君詠〉，他讀完後非常感動，上奏稱張說為「忠貞謇諤，嘗勤勞王室，亦人望所屬，不宜淪滯遐方」。西元七一八年二月，張說被提升荊州長史，沒過多久又晉升為右羽林將軍兼職檢校幽州都督。

西元七二二年，皇上下旨任命張說為節度大使，出使朔方巡行視察邊防，處理兵馬。來年，他被晉升為中書令。西元七二九年，再將他提升為書右丞相以及集賢院學士。西元七三〇年，他得了重病，玄宗每天都派遣宮中的使者前去看望，並且賜他御用藥方。在這年十二月，由於治療沒有效果，最終去世，終年六十四歲。玄宗親自為他撰

寫碑文,將他贈為太師,諡號文貞。

　　張說曾三任宰輔,擅長文學。在他的一生當中有三十多年的時間主管文學工作。在文學方面有很高的成績,武學上也很有才華,可以說是文武雙全。他在國家政體上很有遠見,將不適合時代形勢的政治和軍事制度改革。因此史家讚賞他「發明典章,開元文物彬彬,說居力多」,他對「開元之治」的展開,起著關鍵性的作用。

開元名相張九齡

　　張九齡從小便是在官宦世家中成長，他自幼天資聰明，熟讀詩書，剛剛成年的時候便參加了朝廷的科舉考試並且中了進士，隨後便被任命為秘書省校書郎、右拾遺，接著又做了左拾遺。他曾經奏請唐玄宗李隆基，建議對於地方官員的人選也應該加以重視，改掉只看重朝廷官員選拔而忽略了地方官員選拔的習慣；在選拔官員上面注重的是治國的才能而不是為官的時間長短。最後，張九齡因為在朝政上的觀點與主政者的不一樣，所以只好辭掉了官職回到自己的家鄉。

　　唐開元六年，張九齡重新返回到京城，西元七二三年，張九齡任中書舍人一職。時間過了沒有多久，張九齡成了朝廷權力鬥爭的犧牲品，被調離長安，做了一名外地的小官。開元十九年的時候，又被唐玄宗任命為秘書少監和集賢院學士，最後又升任中書侍郎。由於張九齡是一個滿腹經綸，頗有風度的人，也因此很受唐玄宗的賞識。到了開元二十一年的時候，張九齡又被任命為中書侍郎、同中書門下平章事，也就是相當於丞相的位置，主要輔佐皇上處理朝政，張九齡還建議河南屯田，可以把水引進田地種植水稻，於是張九齡的頭上又多了一個河南稻田使的職位。

　　其時唐朝正是處於最繁盛的時期　，但是看似祥和的景象下面卻又危機四伏。針對這一現象，張九齡提出要以「王道」來代替「霸道」，主張要求用道德理念來治人，強烈反對隨意使用武力，挑起戰爭；主張減輕刑罰，降低賦稅，主張大興農業；堅持重新整頓吏治，任用賢明的人，將一些有道德有才能的人任命為地方的官吏，管轄地方的治安。在他的政治主張下，有效地緩解了當時日益激化的社會矛

盾，很好地鞏固了中央集權，促進了「開元盛世」的繁榮昌盛，所以，張九齡死後，後世人都稱他為「開元之世清貞任宰相」的三傑之一。

在政治主張上，張九齡敢於向唐玄宗直言不諱納諫，曾經好幾次都提醒唐玄宗不應該因為表面的祥和而忘掉內在的隱患，應該有憂患意識，對於朝綱的風氣要時常整頓。唐玄宗有一位寵妃，名叫武惠妃，想將當時的太子廢除，而改立自己的兒子為太子，於是便命令宮中所有的官吏宮人去說服張九齡，張九齡當即便將這些說客們拒絕，並且對於這個決定的利害關係一一分析清楚，這才阻止了一場宮廷政變，而使得朝堂局勢穩定。對於當時的奸臣安祿山和李林甫等人的所作所為，張九齡是氣憤不已，直斥他們就是朝廷的敗類。並且朝政上面一直竭盡自己的所能來讓這些小人的陰謀不能得逞。

當時，唐玄宗想要封范陽的節度使張守珪為唐朝的宰相，任命寧夏的節度使牛仙客為尚書一職，張九齡知道後，對此堅決反對，唐玄宗非常的不高興，而這個消息傳到了奸臣李林甫耳中，李林甫懷恨在心，便向唐玄宗進獻讒言，於是，開元二十四年的時候，唐玄宗將張九齡任命為尚書右丞相，免除了他管理政事的權力。張九齡被罷相後，沒有多久，又因為他推薦的監察御史周子諒上書唐玄宗，說了很多牛仙客不好的話，這讓唐玄宗極其的憤怒，於是連累到了張九齡，認為周子諒這麼做絕對還會有同黨，於是將張九齡貶為荊州長史。

西元七四〇年年初，安祿山討伐奚、契丹，結果是潰不成軍，戰敗而歸，被押著趕往都城。張九齡向皇上上書，按照軍法理應對安祿山處以極刑，如果不這樣做，安祿山遲早有一天會反大唐的。但是唐玄宗卻否決了這個提議，根本就不相信他的說法。同一年間，張九齡在韶州曲江因病去世，張九齡去世後，安祿山便發動了「安史之亂」，也正是因為這次的戰亂，而使得盛極一時的大唐開始從繁盛走

到了滅亡的邊緣。唐玄宗因為躲避戰亂，而逃到了四川一帶，這才對於自己沒有相信張九齡的話而悔恨不已，於是專門派遣官員去曲江祭拜九齡。

張九齡不但在政治上有遠見卓識，而且在詩歌成就上也有很高的造詣，他的作品有著「雅正沖淡」的韻味，為後世留下了不少的傳奇佳作，是嶺南詩派的開派者。張九齡智慧聰敏，所作的文章也是十分高雅，他的詩更是超凡，安逸，其中他著名的代表作便是〈感遇〉和〈望月懷遠〉等。張九齡早期的詩歌風格比較清麗、深婉，這與他所處在的大唐盛世也有著密不可分的關係，是令詩作大家張說所欣賞的，而張九齡後期的詩風則是比較的強勁和樸素，這也是與他被貶的生活背景分不開的。

牛黨的領袖人物牛僧孺

　　牛僧孺從小生活得就非常淒苦，沒有父母，無依無靠，僅僅是靠著家中的幾畝良田維持生計。牛僧孺在文章的寫作方面特別擅長，在西元八〇五年中了進士。西元八〇八年，牛僧孺與李宗閔、皇甫鎛三人同時參加了賢良方正科考，他們三個人都對當下的時政非常的牴觸，連宰相都不畏懼，所以雖然他們三人被考官評為最優秀的成績，但是卻因為他們觸怒了當朝宰相李吉甫，結果，評判的主考官們全都被貶了職，牛僧孺等三人也沒有得到重用。這便是「牛李黨爭」真正的根源所在。唐穆宗登基之後，牛僧孺又被任命為庫部郎中知制誥一職，隨後又被任命為御史中丞，專門懲治朝廷上下的不法之徒，這對朝廷上下的官員起到了一定的震懾作用，誰也不敢再胡作非為了。當時的宿州刺史李直臣歷來都是不遵王法，禍害百姓，依照大唐的律法理應處死。但是李直臣花錢買通了宮中的宦官為他在皇上面前說好話，而牛僧孺卻向皇上上奏，請求應該立馬將李直臣處死，以維護大唐的律法。

　　唐穆宗說：「李直臣是一個很有才能的人，對於這一次的過錯，朕想再給他一次機會。」牛僧孺則回答說：「那些沒有真才實學的人，只是拿著朝廷的俸祿對人拍馬巴結而已。朝廷的律法，其實就是為了約束那些有才能的人而設立的。安祿山有著過人的才能，但是最終導致的卻是擾亂了大唐的天下。」唐穆宗聽後，對於牛僧孺的奉公守法十分讚賞，便賞賜給他一件紫服。西元八二二年的正月，牛僧孺做了戶部侍郎，第二年則升任中書侍郎和同平章事的職位。

　　當時的宣武節度副使韓弘，是一個殺人不眨眼的冷血動物，人們

對他恨得咬牙切齒，卻無人敢言。韓弘在朝為官的時候，他的兒子韓公武為了制止這種言論的擴散，便用錢收買了很多的權貴來防止言論的流傳。韓弘父子倆死後，韓弘的孫子還很年幼，唐穆宗害怕一些人會將韓弘的家財盜走，於是便派人清理韓弘家的帳冊，卻發現在這本帳冊上記載很大一批受過韓弘賄賂的朝中大臣，而牛僧孺的名字旁邊標著「某月某日，派人給牛侍郎送去了千萬的錢財，卻拒不接受」這句話，唐穆宗看後，很是高興，從那以後，唐穆宗對牛僧孺更是偏愛有加了。

西元八二四年的正月，唐敬宗繼位，任命牛僧孺為奇章公。但是唐敬宗荒淫無道，朝中時局動盪不安，宦官把持朝政，牛僧孺不願在朝為官，幾次上書唐敬宗要辭掉宰相的位置，於是，唐敬宗便任命他為同平章事，擔任武昌節度使。

當時的湖北城牆都是用土修築而成的，又因為江南常年連綿細雨，這種土築的城牆禁不起雨水的侵蝕，需要每年修築，於是官吏就會趁機勒索百姓，讓百姓苦不堪言。牛僧孺上任後，改用磚來修築城牆，這樣就可以五年再修建一次，從那以後也就免去了百姓每年修城牆的費用。隨後又廢除了沔州建制，裁減了一些不中用的官員。在牛僧孺任武昌節度使的時候，為武昌的百姓做了很多的好事。

西元八二九年，李宗閔把持朝政，他知道牛僧孺是一個不可多得的人才，不應該這樣長期在地方為官，於是又下旨將他召回朝中，任命為兵部尚書、同平章事，再次做了宰相。

西元八三一年的正月，幽州發起了叛亂，當時的大將楊志誠將節度使李載義驅逐出去，文宗便召來宰相，商量對策，而牛僧孺則認為，這件事情其實是無關緊要，可以將楊志誠任命為節度使，牛僧孺的建議得到了文宗的贊同，並加以採納。同年，吐蕃維州守將悉怛向唐朝示好，表示願意歸順唐朝，而劍南西川節度使李德裕則是派遣自

己的軍隊駐紮在了維州城，並且上書皇上一些有關用兵的事宜。文宗又召集朝中上下官員來商討這件事情，所有的人都贊同李德裕的做法，唯獨牛僧孺堅決反對，因為他認為大唐與吐蕃結盟友好多年，不適合再挑起戰爭，文宗則採納了牛僧孺的建議，下令讓李德裕退出維州城，將所俘虜的將士還給吐蕃，可是沒想到的是，這些放回的俘虜全都被吐蕃貴族所殺害，手段十分殘忍，令人髮指，從這以後也就斷絕了後來的降者，也使得大唐失去了吐蕃這個重要的地域。實際上，先是吐蕃違背了與大唐的盟約，派兵攻打大唐，大唐完全不用理會之前盟約的限制。牛僧孺一向反對戰爭，主張友好相處，才有上述的建議。文宗對於這次的維州事件感到非常的後悔，從那以後，也就對牛僧孺漸漸地疏遠了。因為這次的事情，牛僧孺上書皇上請求退出朝政，文宗應允，便任命他為淮南節度使。

後來，朝中的政權都把持在了宦官的手裡，朝中的風氣也是漸漸的腐敗，牛僧孺這時已經不願意再鎮守要地，於是又一次上書請求一個閒官做做，但是朝廷並沒有同意他的請求。西元八三七年的五月，牛僧孺被任命為加檢校司空，鎮守東都。

此時，牛僧孺開始整治自己在洛陽的府邸，到處搜羅一些奇異怪石放在自己的院子中，很是雅興，牛僧孺還經常和大詩人白居易在一起飲酒作詩，再也沒有了為官的心情。文宗幾次派人宣召，都被他以病推辭了。

武宗登基之後，李德裕成了當朝的宰相，而牛僧孺則被降為太子少保，後來又封為太子少師。西元八四四年，牛僧孺被人誣告與澤潞叛藩的人相互勾結，隨後被皇上貶為循州長史。唐宣宗登基之後，李氏一族全都被降職，牛氏一族則是重新得到了皇上的重用。到了西元八四七年，牛僧孺官復原職，任太子少師。也就是在同一年，牛僧孺辭世，皇上封他為太尉，賜諡號為「文簡」。

　　牛僧孺以參加科舉考試的方式進入了官場，剛開始處理政務的時候，為官廉潔公正，在百姓的口中都有一個好的口碑，深得皇上的鍾愛。在他做朝廷宰相的時候，主張重新整頓律治，將一些殘酷的刑罰除去，這也是他的一個很大的功勞。但是由於將自己陷入了「牛李黨爭」之中，與朝中大臣李德裕素來不和，這也是他為官不好的一面，最後以至於牛僧孺與宦官勾結，私下縱容藩鎮勢力，從這一點上看，牛僧孺是一個非常守舊和反動的人。然而對於他的文學造詣，我們也不能抹殺，他一生之中都愛好文學，更是廣交各路文人雅士，有傳奇集《玄怪錄》流傳於後世。

宦海沉浮的李德裕

　　李德裕出身名門望族，從小就天資聰穎，很小就立下大志向，學習非常刻苦，尤其愛看史書，特別對《左氏春秋》和《漢書》更是了然於胸。但是他有門第觀念，覺得自己出身高貴不願和平民百姓去參加科舉，因此，通過門蔭進入官場。做了校書郎的職位。在元和初年的時候，他的父親李吉甫在朝中擔任宰相，為了避免任人唯親的嫌疑，李德裕沒有入朝做官。在元和十一年，張弘靖辭去宰相職位改任為河東節度使，憲宗就任命李德裕為掌書記。李德裕的父親去世以後，他就跟隨張弘靖入朝做官，擔任監察御史。唐穆宗登基後，被提升為翰林學士，不久以後又轉任考功郎中，西元八二二年又被升為中書舍人和御史中丞。

　　因為他的父親擔任宰相時，和牛僧孺、李逢吉、李宗閔，結下了仇怨，因此等到他的父親李吉甫去世後，李逢吉等這三人就把氣撒到李德裕身上。到了長慶二年的時候李逢吉被升任為門下侍郎、平章事（宰相），就更加針鋒相對。那個時候李德裕和牛僧孺都有擔任宰相的威望，但是，李逢吉利用自己的職權，把李德裕調為浙西的觀察使，反而舉薦了牛僧孺做宰相，然後兩個人就共同為相。從此以後，李德裕和李逢吉等一夥人的積怨更越結越深了。

　　李德裕被調到浙西以後，下決心改革當地的軍政和民俗中存在的一些弊端，李德裕改變前任觀察使為了籠絡將士的心而不惜造成府庫空虛的做法，開始節儉行政開支，大力練兵，雖然給予戰士的東西不多，但是將領和士兵都是公平對待，沒有引起士兵們的怨言。經過李德裕兩年時間的盡心盡力的治理整頓，府庫的支出漸漸出現盈餘。在

同時他還著手去改革當地危害人們思想的舊俗。李德裕下決心破除害人的迷信，大力改變傷風敗俗的現象。於是他就選擇一些在鄉人裡面比較知書達理的人進行教育勸說，對那些愚昧不聽勸說的人，就依法治辦。沒想到在短短的幾年時間裡，當地百姓的惡習就徹底被革除了。緊接著，李德裕就開始整頓郡內的各種祠廟，根據地方志，只是保留了前代名臣賢相的祠廟，其餘的一共一千零一十所都被拆除了。另外，還出兵打擊當地的一些流寇盜賊，使百姓可以安居樂業。李德裕的一系列改革治理取得明顯的效果，因此他得到了當地百姓的稱讚和強烈擁護。

唐穆宗駕崩以後，唐敬宗即位做了皇帝。李德裕又開始對僧人的一些不法行為進行打擊制止。有一年，一個妖僧揚言說亳州可以出聖水，如果喝了可以治百病。那些上當受騙的百姓，為了取得聖水，不惜長途跋涉經過艱險的塞路。而那個妖僧竟然貪心不足每鬥水賣三貫錢，爆發橫財。然而病人喝下所謂的聖水，病情不僅沒有減輕反而更加嚴重。李德裕就上書給皇上，請求採取果斷的措施，堵塞水源，懲辦喪盡天良的妖僧，及時制止了騙人妖術的繼續橫行。從此僧人們再也不敢胡作非為了。李德裕在浙西做官期間，為老百姓的安居樂業做了很多好事，政績一片大好，贏得了當地百姓的一致稱讚。

等到文宗登基後，李德裕依靠政績卓著而受到皇帝的青睞，西元八二九年，被召擔任兵部侍郎，裴度見李德裕非常有才華，就極力舉薦他做宰相。但是當時擔任吏部侍郎的李宗閔因為依靠宦官的幫助，先一步取得了宰相的職位，又害怕李德裕會受到重用，於是在同年的九月份，李德裕再一次被排擠，被任命擔任鄭滑節度使。西元八三〇年秋，又被調任為劍南西川節度使。

西川的地理位置南臨南詔（後來被稱為大禮、大理），西濱吐蕃，是一個邊陲要地，地理位置十分重要，直接關係到國家的生死存

亡。當李德裕入蜀的時候，正好面臨南詔入侵唐朝的嚴重局面。朝廷就下命令用土石堵塞清溪關來切斷南詔入蜀的道路。李德裕給唐文宗上書，認為南詔通往蜀道的道路艱險，只要派遣重兵把守，就一定可以保證安全。朝廷就接受了他的意見。為了瞭解地形，李德裕顧不得險要的地勢和自身的安全，訪遍了各地的城邑、山川、道路，繪成了地圖；與此同時，他還加緊訓練士兵，增強他們的戰鬥力，並做好了積極備糧修城的準備，防止敵人的入侵。在李德裕的努力下蜀地的百姓生活得到安定並且出現了安居樂業的大好局面。

西元八三三年春天，李德裕終於成為了了宰相。李宗閔則被罷黜了相位，但是，第二年八月李宗閔又官復原職，而李德裕卻被貶為了鎮海節度使。西元八四〇年，唐文宗去世，武宗登基。武宗覺得李德裕有卓越才華，於是，在同年九月又復召李德裕入朝為官，因此李德裕二度成為宰相。

李德裕再次入朝為相後，雖然自成一派掌握大權，一切政事都由他做主，沒有節制的意向，但是他在平叛攻回鶻和廢除佛教等方面做出過巨大的成績，因此在朝野內外享有盛譽。但由於他在行使自己職權的時候，過於獨斷專行，那些排除異己的作風，不僅引來了為牛黨的憤恨，甚至於也遭到宦官的嫉恨。西元八四六年武宗去世，宣宗登基，他的厄運就馬上降臨了。唐宣宗一向厭煩李德裕獨斷專橫的作風，登基之後立即貶他為東都留守，並且將李德裕一派人從朝廷各個崗位上紛紛拔出，然後又把「牛黨」的令狐綯、崔鉉等人召入朝中為相，於是「牛黨」的首領牛僧孺也就返朝為官了，這可真是 「一朝天子一朝臣」。不久以後，李德裕又從東都留守被貶為潮州司馬，後再貶為崖州司戶，西元八五〇年十二月十日病逝。從此長達四十多年的「牛李黨爭」才正式收尾。

文耀千秋——才子墨客遍中華

善於炒作的陳子昂

陳子昂的家裡很有錢，在他年輕的時候毫不吝惜錢財，喜好施捨，尚義任俠。成年之後，開始發奮讀書，刻苦勤學，擅長寫作，並且很關心國家大事，希望在政治上有了不起的業績。二十四歲的時候舉進士，被封為臺正字，後來被提升為右拾遺，敢於直率地發表政見。當時正值武則天當權執政，任用殘酷官吏，經常草菅人命。他冒死多次上書直言規勸。武則天在蜀山準備挖掘隧道用以攻取生羌族，對此他又不贊成，而是提倡「休養生息」。他坦率的言論，經常不被採取，而且曾經因為反對武則天被淪為「逆黨」關進牢獄。

陳子昂眼看著自己才華蓋世，卻沒有人重視和讚揚，於是，善於炒作的他，想了一個妙計來引起別人的關注。一天，陳子昂閒暇時到外面遊玩，忽然看到有一位老人在街邊叫賣：「品質非常好的銅琴，有瞭解的人快來買呀！」於是他走了過去，仔細觀看了一番發現確實是把很好的琴，便對老人說：「大伯，您老出個價吧，這把琴我買了。」老人打量了他一番後說：「先生是當真要買這把琴嗎？我看先生外貌不俗、舉止優雅，肯定不是等閒之輩，實話對你說吧，如果是別人低於三千錢是肯定不賣給他的，如果是先生想買就算兩千錢吧。只要這把琴尋到真正的知音，讓它的功能得到充分發揮，我也就心滿意足了。」

其實，在當時一把琴賣到兩千錢完全是天價了，陳子昂卻當即買下，也不討價還價。圍觀的人看他花了這麼多錢買下一把琴都驚歎不已，都認為他和這把琴很是不凡。陳子昂看了看圍觀的人說：「在下陳子昂，稍微懂得點琴藝，明天會在我的住所宣德里為大家表演，請

大家到時都來捧場。」

這件事很快就傳開了，第二天，聞聲而來的人紛紛趕往宣德里，看熱鬧的人也越來越多，其中包括很多文人騷客和各界的名人。陳子昂抱著琴出來，對觀賞的人抱拳鞠躬說道：「感謝大家來捧場，但是我今天不是來彈琴的，而是來摔琴的！」話剛說完，他就當著大家的面把琴高高舉起「啪」的一聲扔到地上，霎時，琴被摔得四分五裂，事情的發展完全出乎大家的意料，大家都被他的舉動驚得目瞪口呆。陳子昂笑著大聲對眾人說：「我從小刻苦學習，經史和詩集都背得滾瓜爛熟，詩詞歌賦，不管是七言律詩還是五言絕句，樣樣我都認真去學，但是，沒有人賞識我的才華。今天我的真正的目的是借著摔琴這件事，來讓大家看看我寫的詩詞和文章。」話剛說完，他就從箱子裡拿出了一大疊詩詞文稿，給在場的眾人分發。在場的各界名流人士看了陳子昂寫的詩詞文章之後，都被他的才華橫溢給震驚了，眾人感歎不已，他的詩詞文章中進步、充實的思想內容，質樸、剛健的語言風格，都深深地吸引著大家。

從此之後，在京城的大街小巷都在傳著陳子昂的名字和他精妙絕倫的詩詞文章，可以說是「一日之內，名滿天下」。從此之後，每天去陳子昂家中拜訪的客人不計其數，人來人往。不久，陳子昂的大名和他的詩詞文章就傳到了朝廷中，讓他最終被重用，至此這位才華傑出的大詩人功成名就，而伯玉毀琴的故事也被千古流傳。

西元六九八年，因為父親年老被解免官職，陳子昂隨從父親回到故鄉，沒過多久父親就因病去世了。父親的病逝，給陳子昂帶來了沉重的打擊，然而，禍不單行，後面還有更加沉重的打擊在等著他。在陳子昂的老家射洪縣，縣令段簡是個極為貪心且永遠不知道滿足的小人，他聽說陳子昂家中很富裕，就想圖謀不軌，敲詐勒索陳家的錢財。陳子昂的家人給縣令段簡送去了二十萬緡，卻遠遠不能滿足他的

胃口，他在沒有滿足自己的貪欲之下不問青紅皂白就將陳子昂關進了監獄。

據說，陳子昂在監獄中曾經自己給自己算過一卦，卦象顯示的是凶禍即將來臨，陳子昂緊張不安地說：「老天都不願保住我的性命，看來我只能等死了！」沒過多久，他就在監獄中去世了，終年只有四十三歲。

以上這件事《唐書》上所記載的，但卻讓人怎麼想都想不明白。因為一直到陳子昂死，他都是對君主的過失直言規勸並使其改正的諫官，朝廷並沒有解除過他的官職，不知道他們老家的縣令是從哪裡來的「勇氣」，居然敢敲詐勒索朝廷官員，以至於讓陳子昂在監獄中冤死這件事情成為一個不解之謎。後來，又有人說陳子昂是在京城當官的時候得罪了武三思，他們老家射洪縣縣令段簡是受武三思的指示才這樣折磨他的。但這似乎也無法解釋，因為如果武三思想要報復他的話，根本不用把事情弄得如此複雜。

陳子昂的人生道路曲折，仕途歷經坎坷，但不管怎樣，他的一生就這樣結束了。

與日月同輝的李白

　　李白出生在一個書香世家，自己的父親在當時也是一個文人雅士，李白就是在這種文化氛圍中薰陶長大。在他五歲的時候，跟父親移居到了綿州昌隆（今天的四川江油縣）。

　　李白號稱是「五歲能誦六甲，十歲的時候就可以觀百家」，後來又傳李白「十五可觀奇書，並且可以作賦凌相如」。李白在少年的時候便以能賦詩文之名得到了周圍人的稱讚。

　　李白在年輕的時候興趣比較廣泛，他熟讀詩書，以舞劍、撫琴為平時樂趣，愛好遊歷，更喜詩賦文章，所到之處必會賦詩留念。在他二十歲以後，李白就遊遍蜀中的名勝古跡，家鄉的大好河山，這樣的經歷造就了李白博大的襟懷、豪放的性情和他對自然無限的熱愛。他從小受到儒家思想的深刻影響，再加上父親對他的教誨，修身、齊家、治國、平天下的思想早就在李白的腦海中根深蒂固，他希望有一天自己能夠像丞相管仲、諸葛亮和謝安那樣，輔佐帝王，施展自己一身的才華和抱負，拯救天下蒼生。但他同時也受到了道家思想影響，他不屑於塵世的爭鬥，一心嚮往著瀟灑自得的隱世之道。這種矛盾的思想在他創作的詩歌中表現得淋漓盡致。

　　年輕的李白追求自己的事業，希望自己的才華可以濟世利民。西元七二五年，皇帝詔告天下要招賢納士，這個消息給只有二十五歲的李白帶來了莫大的鼓舞，於是他辭別了自己的家人，踏上了建功立業的征途。但他行進到江陵的時候便遇見了一代宗師司馬子微，李白把自己的詩作拿給司馬微看後，令他驚歎不已。李白為自己的詩作得到司馬微的讚賞而高興不已，隨後便做出了名揚天下的〈大鵬賦〉：

「激三千以崛起，向九萬而迅征。」

在後來行進的途中，他一邊欣賞沿途的風景名勝一邊寫下了許多名詩佳句。〈峨眉山月歌〉：「峨眉山月半輪秋，影入平羌江水流。夜發清溪向三峽，思君不見下渝州。」就是他看到壯闊的峨眉山時有感而發創作出來的。那時候的唐朝正處於開元盛世年間，國家繁榮昌盛，百姓安居樂業，在李白的心中，前程是一片光明。

在李白遊歷的過程中，他的閱歷也隨之增長，創作出的詩歌也是膾炙人口，他的很多的詩篇都被世人稱讚。如沿途創作的〈望天門山〉和〈望廬山瀑布〉等佳作，都是為當今文壇所敬仰的詩篇，他將祖國的山川景色美好，用極其誇張的手法表現出來，給人留下了無限遐想的空間，讓後人在朗讀時也似乎看到了那一幅幅美麗的畫卷。

在他遊歷的過程中，李白還喜歡上了樂府民歌，為此也寫下了不少的樂府詩。就像〈長干行〉當中第一首的前六句是：「妾發初覆額，折花門前劇。郎騎竹馬來，繞床弄青梅。同居長干里，兩小無嫌猜。」被人用來讚美男女之間的愛情，我們常常所說的「青梅竹馬」和「兩小無猜」就是這麼得來的。

李白性格比較豪放、不拘小節，滿腔抱負，但是他自視過高，不願意象他人那樣走科舉考試的道路，希望能夠通過隱居來擴大自己的影響，進而引起朝廷的重視，有朝一日能被招去為官，這種方式在當時也是比較流行的。為了自己的目標，在西元七二八年早春的時候，李白便來到了湖北的安陸，開始了自己「酒隱安陸，蹉跎十年」的隱居生活。

天寶元年（西元742年）的時候，朝廷也知道了李白，遂召他去長安。臨行時，他寫下了一首詩篇：「仰天大笑出門去，吾輩豈是蓬蒿人！」來表達他當時躊躇滿志和欣喜若狂的心情。在長安的日子裡，李白認識了當時的太子賓客賀知章，兩個人志趣相投，成了朋友。在

賀知章等人的極力推薦下，唐玄宗親自接見了李白，並且賜予了他翰林供奉的職位，被安排在翰林院為官。李白以為自己終於可以一展宏圖實現自己的抱負了。然而此時的唐玄宗，早已不是那個知人善任，具有雄才偉略的賢明君主了，他之所以看重李白，並非是唐玄宗欣賞李白的抱負和才能，而是因為李白的詩詞可以供自己玩樂。慢慢地李白發現自己只能在朝中成為一個御用文人時就表現了自己的不滿，玄宗也對此有所覺察，就有意地疏遠了他。而且李白天生的傲骨本也不適合官場上的爾虞我詐，也因此讓小人有了可趁之機。

相傳，在唐玄宗召見李白的時候，李白曾經讓當時的大宦官高力士為他脫靴。高力士在當時雖為宦官，可是他壟斷朝政，在朝中也算是有權勢之人，高力士為報「脫靴」之恨，他故意拿李白所做的〈清平調〉一詞挑撥是非，曲解其中「借問漢宮誰得似，可憐飛燕倚新妝」兩句詞意，向楊貴妃告狀「以飛燕代指妃子，是賤之甚矣！」（也就是說用漢朝放蕩的妃子趙飛燕和您相比，對您來說，真的是大不敬啊！）楊貴妃聽信了高力士的話，也因此對李白懷恨在心。楊貴妃和高力士都是唐玄宗面前的紅人，他們的話自然能夠對玄宗起到很大作用。唐玄宗正是聽信了他們的讒言，對李白有了不好的看法，也更加疏遠他了。

天寶三年春，李白得知就算自己繼續留在長安也很難實現自己的雄心壯志，更不要說有大的作為了，於是便辭去了官職。李白只在長安待了不到兩年的時間，便看盡了朝中大臣之間的黑暗腐敗，看到了他們為了權勢勾心鬥角，這也導致他後期的作品中多充滿了憂憤和懷才不遇的情感，揭露和批判了現實的黑暗，譴責當時的統治階級「珠玉買歌笑，糟糠養賢才」，「整日煙花巷柳」，不管百姓生死。

李白隨即離開長安，去了洛陽，在那裡結識了比他小十一歲的詩人杜甫。兩個人一見如故，相見恨晚，「醉眠秋共被，攜手日同

行」。而這年的秋天,杜甫便辭別李白去了長安,李白為他送行:「飛蓬各自飛,且盡手中杯!」送別了杜甫之後,李白又在自己的不羈中瀟灑度過了十年。

李白詩風豪放不羈,在這個時期中,他為後世留下了許多描繪祖國大好河山的優秀詩篇。例如在他的詩作中就有許多描寫黃河的名句:「西嶽崢嶸何壯哉!黃河如絲天際來」。「黃河西來決崑崙,咆哮萬里出龍門。」「君不見黃河之水天上來,奔流到海不復回」。

西元七五五年,歷史上著名的「安史之亂」爆發。玄宗皇帝帶著楊貴妃向西逃走,長安成為了亂軍的領地。而李白也被迫離開洛陽移居江南。在此期間,他的詩風少了一些瀟灑,多了一些對亂軍的痛恨之情,詞句間多了憂國憂民的情感。如他〈古風〉中寫道:「俯視洛陽川,茫茫走胡兵。流血塗野草,豺狼盡冠纓。」

西元七五六年,太子李亨在靈武登上帝位,稱唐肅宗。永王李璘派人請李白作為自己的幕府,共同起兵對抗叛軍。沒想到卻被肅宗認為永王是借著叛軍的名號造反,於是,便派遣軍隊將其一舉殲滅。李白也被牽連其中,被唐肅宗流放於夜郎。李白得到這樣的處罰,心情也是十分的沉重,他揮筆寫下了「夜郎萬里道,西上令人老」的詩句。

西元七五九年二月,朝廷大赦天下,李白因此也重新得到了自由。隨後便雇了一艘船東下,著名的詩作〈早發白帝城〉便是寫於此間:「朝辭白帝彩雲間,千里江陵一日還。兩岸猿聲啼不住,輕舟已過萬重山。」在他的這首詩中,每一句都洋溢著李白重獲自由的歡快情緒。

上元元年,即西元七六〇年,李白回到了自己的家鄉豫章(今江西南昌)。在他生命最後幾年中,李白的生活窮困潦倒,比較淒涼,但是他還是關心著當時的朝中變化。上元二年,東南地區出現緊急軍

情，李白縱橫一生不願放棄這報效國家的最後機會，動身前往臨淮（今安徽泗縣），打算跟隨李光弼的軍隊。讓人遺憾的是，李白最終病倒在了路上，這個最後的願望也沒有實現。

西元七六二年，偉大詩人李白病死於安徽當塗，終年六十二歲。一生豪邁奔放，卻最終帶著遺憾離開，未能給他傳奇的一生再添輝煌。

詩聖杜甫

　　「少陵野老」稱號的由來，是因為杜甫曾經居住在長安城南的少陵附近，又因為他在成都時曾經被他人舉薦為節度參謀、檢校工部員外郎，所以後世人也把他稱為杜少陵、杜工部等。杜甫的祖籍在襄陽（也就是今天的湖北），他出生於河南鞏縣，他的家庭是世代官宦，曾經在武則天統治時期風靡一時的詩人杜審言便是他的祖父，所以，杜甫從小所處的環境也算是書香門第了。杜甫天資聰明，據說七歲便可以做詩，十五歲在洛陽名士中已經小有名氣。

　　年少時的杜甫無憂無慮，每天過著「裘馬輕狂」的自在生活，在他的一生中有過兩次時間比較長的遠遊經歷。第一次是杜甫孤身一人去了金陵、姑蘇等江南一帶，見識了祖國的迷人風景。直到開元二十三年，也就是西元七三五年，為了參加進士考試才又回到了洛陽，但是卻等來了落榜的消息。於是在第二年，開始了他的第二次長途跋涉，這一次他去的則是齊趙一帶。也正是因為他在這兩次的長期旅途中，讓他遊覽了祖國的無限風光，汲取南北方的優秀文化，大大開闊了自己的眼界，他的所見所聞也使自己的閱歷更加的豐富。

　　在天寶三年，杜甫遇到了遭朝廷排擠的偉大詩人李白，二人便相邀遊遍了整個齊魯大地，拜訪各地的文人雅士，世外高人。有時候，兩個人還會對朝中政事評論一番，由此兩人惺惺相惜，建立了深厚的友誼。第二年的秋天，杜甫要西下長安，而李白也故地重遊去了江南，自從兩位詩人在兗州分手後，就再也沒有見過面。杜甫也就把對李白的思念之情寄託在了自己的詩作中，為後世人感動和稱讚。

　　杜甫在天寶五年到達長安後，一住就是十年，在此期間他的生

活、對世事的思想和創作的情懷都發生了很大的改變。杜甫來到長安，就是為自己求個一官半職，讓自己的抱負能夠有用武之地，在這個朝代也能有所成就。就在天寶六年，杜甫參加了唐玄宗選拔文人雅士的考試，但是卻遭到了當時只知奉承拍馬的權臣李林甫的陰謀破壞，參加考試的人一個都沒有選上，這讓杜甫失去了一個大好的機會。隨後他不甘心自己就這樣平庸一生，便給當時的達官貴人投去自己寫的詩作，希望能夠得到他們的賞識，進而可以得到唐玄宗的召見，可是那些詩作也如石沉大海，杳無音訊。

杜甫經過幾番努力還是沒有達到自己報效祖國的目的，在長安的日子也開始步履維艱，窮困潦倒。為了自己的生計問題，杜甫只好去一些貴族府邸給他們充當「賓客」，每天陪著他們飲酒玩樂，作詩派遣，從中也能得到一點資助。與此同時，他還結識了與他一樣處境的朋友，他們有時相約去體驗勞動人民的生活。理想抱負的破滅讓杜甫也知道了統治階級的腐敗無能，而生活上的困苦不堪也讓他嘗盡了民間疾苦，這兩種天壤之別的生活也都體現在了他的詩作中，如在他的〈自京赴奉先縣詠懷五百字〉中寫道：「朱門酒肉臭，路有凍死骨。」就是當時兩種生活的真實寫照。

隨後的幾年中，他還寫出了〈兵車行〉、〈麗人行〉、〈前出塞〉、〈後出塞〉等許多不朽的名篇，也用他自己的方式給當時的詩歌體載開創了不同的表達方式。

在長安已覺報國無門的杜甫，決定返回自己的家鄉，可是就在這時便爆發了歷史上有名的「安史之亂」，洛陽、長安相繼淪陷後。杜甫便聽到了唐玄宗逃亡西蜀的消息，而唐肅宗則在當時的靈武即位，於是他打消了回家的念頭，隻身北上，想去靈武投靠唐肅宗，可是不幸的是中途被叛軍俘獲，囚禁於長安達半年之久，隨後他又冒死逃了出來，去了鳳翔一帶找到了繼位不久的唐肅宗，得到了左拾遺一職，

但是抱負還未施展，就因為直言不諱差點丟了自己的性命。西元七五七年九月，唐肅宗的軍隊重新收復長安，洛陽也於十月收復，唐肅宗重新執政長安，這個時候，杜甫也已經跟著回到了長安，依然做著自己的左拾遺一職。但是次年被唐肅宗貶為華州司功參軍，從此再也沒能踏足長安。杜甫到達華州的時候，已經是到了夏季。這個時候，關中因為大饑荒而白骨累累，小人把持朝政，杜甫看到這種情景心灰意冷，立秋過後便辭去了官職，漂泊幾個月後便踏上了蜀道的艱難之途，在年底便到達了成都。

「安史之亂」是唐朝的一個重大轉捩點，正是因為此次暴動，使唐朝盛世漸漸衰弱，唐朝的經濟也是逐漸下滑。杜甫便是唐朝由盛極一時到衰敗的見證者：從開始的流亡到被叛軍囚禁再到自己出任官職，隨後又經歷了被貶、秦州寄居和上蜀道的歷程——無論是他的處事環境還是人事關係，都發生了天翻地覆的變化。他的這種生活經歷要遠遠比長安時期的豐富、困難得多，因此在杜甫這一時期的名篇中，也有著多種風格的詩歌，雖然只流傳下來了二百多首，但是卻都是經典之作，是文學史上的輝煌之作。如他的〈春望〉、〈北征〉、〈三吏〉、〈三別〉等傳世名作。

自西元七六〇年至西元七七〇年的十一年間，歷經了兩代帝王，杜甫也在蜀中待了八年，在荊、湘一帶居住了三年。杜甫也把這一經歷寫在了自己的詩中，如「漂泊西南天地間」（〈詠懷古跡〉）。除去他在成都的五年生活還稱得上安定外，杜甫可謂是一生漂泊，居無定所。到了上元元年春天，杜甫在成都城西的浣花溪畔搭建了一個小草堂，終於使自己漂泊四年的生活安頓下來，可以有一個能棲身的處所，讓他能從多年奔走的凄苦的日子中，得到暫時的休憩，這個時期他也曾寫下充滿愛和歌頌自然美好的詩歌。但是他並沒有忘記那些流離失所、居無定所的人們，就如他在〈茅屋為秋風所破歌〉中所寫的

那樣「安得廣廈千萬間，大庇天下寒士俱歡顏」。

代宗寶應二年的春天，長達八年之久的暴動戰火終於熄滅，當杜甫得知這個消息時，驚喜若狂，以為自己終於可以回到家鄉洛陽，便隨口吟出了〈聞官軍收河南河北〉的七律詩歌，抒發自己內心的歡悅，「白日放歌須縱酒，青春做伴好還鄉」，這也是偉大詩人杜甫一生所作的最快樂的詩歌。

但是，快樂只是短暫的，雖然安史之亂得到鎮壓，但是國內混亂的局面卻並沒有得到很好的解決，杜甫的處境也是越來越糟了。西元七六五年四月，杜甫的好友嚴武先生辭世，這也讓杜甫失去了他僅有的依靠，於是他不得不於同年五月帶著自己的家人離開了草堂，乘一葉扁舟東下。到了第二年的春天，他在夔州（今四川奉節縣）定居下來。後來又因夔州的天氣惡劣，朋友稀少，住了不到兩年便又舉家遷往江陵。到江陵時正是三月。他本來是想北上回洛陽，可是又因為當時河南兵亂，路途被阻隔，不能前往。所以只好在江陵待了半年，於年底又到達了岳陽。

杜甫一生中的最後兩年，生活也是比較的淒慘，他幾乎沒有固定的居所，常年在岳陽、長沙、衡州、耒陽之間穿梭，他最後的兩年時間大部分都是在船上度過。最終在大曆五年的冬天，死在了往返於長沙和岳陽之間的船上，終年五十九歲。而在他逝世之前還寫出了一首三十六韻的長詩〈風疾舟中伏枕書懷〉，詩中有這麼兩句，充分表達了杜甫憂國憂民的偉大情懷「戰血流依舊，軍聲動至今」。杜甫離世後，他的靈柩被放在了岳陽，直到四十三年後，才被他的孫子帶回了自己的家鄉，埋葬於河南的首陽山下。

後世人尊稱杜甫為「詩聖」，與「詩仙」李白齊名，世代受文人學者敬仰。

「大眾詩人」白居易

　　唐代詩家名人輩出，光是有名可查的詩人就達兩千多人，其中以李白、杜甫、白居易最為著名。白居易在他的一生總共寫了詩歌兩千八百多首和散文八百多篇，如此顯赫成績，就算是在英雄輩出的唐朝，也是其中的佼佼者。白居易的作品數量之多，題材之廣，品質之高，也讓他的許多佳作在當時的唐朝就已經廣為流傳。比如〈琵琶行〉、〈長恨歌〉、〈秦中吟〉等一些膾炙人口的名篇。放眼現在的文壇上，他的詩歌也是人們爭相傳誦的，給中國文學寶庫上添加了一份稀有的財富。

　　白居易，字樂天，祖籍是今天的山西太原。隨後因他祖父遷到了下邦（也就是今天的陝西渭南一帶）安了家，於是白居易也便是出生於下邦。白居易從小就比較聰慧，五、六歲的時候就已經開始學習做詩，在他八、九歲的時候就可以根據複雜的聲韻來寫格律詩了。在他十一二歲的時候，由於當時的藩鎮互相爭戰，時局動盪不安，於是便跟著自己的家人來到越中（今浙江境內）避難，自此生活開始變得貧困不堪。

　　白居易就是只和書本筆墨打交道，每天的生活就是不停地讀書、寫字，以至於世人傳說他因讀書太多而口舌生了瘡，因寫字太多，而導致手腕和胳膊肘上都有了老繭。

　　白居易長到十五六歲時，在同齡人中已然是一個出類拔萃的小夥子了，而他的詩詞水準也已經是相當的出色。當時他的父親就在徐州為官，看到自己的兒子這麼有才能，打心眼裡高興，於是他給白居易提了一個建議：「你有作詩的天賦，不應該一直待在這個小地方，應

該去看看外面的世界。我們的京城長安，許多著名的詩人都定居在那裡，你可以去拜訪一下他們，與他們認識一下，這對你以後的寫詩將會有很大的幫助。」

其實白居易早就生了出去闖蕩的念頭，聽父親提起這事，心裡自然是十分的高興。他整理好自己寫的詩，把它們訂成了一個小冊子，然後帶足盤纏，踏上了去長安的路途。

白居易到達長安後，便四處打聽長安詩人的住所，有很多人都給他提起了當時的文學家顧況。於是白居易便拿著自己所作的詩稿，想登門拜訪顧況。可是長安城是何其的大，白居易在城中花費了很多時間才一路詢問著找到了顧況的家。

顧況也是才華橫溢的作家，平常的時候也會有很多人登門請教。但是顧況的脾氣比較怪，而且性格也是異常地高傲。特別是在後輩面前，更是喜歡倚老賣老。所以當顧況聽到有一個小夥子前來請教時，心中已生厭煩之意，可是他也知道白居易的父親是一個不大不小的官員，不便得罪，於是也就吩咐自己的隨從把白居易引進來。

白居易對顧況恭敬地施了一個大禮，然後把自己平時的一些作品遞給了顧況。顧況接過來剛看到白居易三個字時，竟然笑了起來，對白居易說：「最近幾年，長安城的米可是貴得很呢，要想在這裡居住下來也並非易事啊！」

原來，因為幾年間的征戰，社會時局已經動盪不安，幾乎隨處可見餓死的人，而又因長朱泚叛亂剛剛平息，長安遭到了重創，就連米價也跟著飛漲，就算是像顧況這樣的知名詩人日子過得都很拮据，更不用說黎民百姓了。所以，當顧況看到「居易」兩個字時，就和白居易開了這麼一個玩笑。

白居易雖然感覺奇怪，但是也沒有多說什麼，只是站在一邊，懷著忐忑的心等著顧況對自己詩作點評。

顧況拿起白居易的詩卷，隨意地翻閱起來。可是當顧況看到白居易所做的〈賦得古原草送別〉一詩時，忽然停了下來，並且嘴裡還小聲地念叨著。

這首詩被顧況讀了幾遍，臉上也露出了比較興奮的光芒，他上前緊緊握住白居易的手，高興地說：「真是不錯，小小年紀竟然能寫出如此佳作，想必要在長安定居下來也並非難事了。我還以為當代的年輕人沒有人才了，剛才只是和你開個小小的玩笑，可不要怪罪。」

顧況非常欣賞白居易的才華。從此以後，他遇人便會談論白居易的詩歌天賦，加上當時的顧況是長安城中有名的詩人，所以經過他的宣傳，不久長安城中就又出現了一位著名詩人，名為白居易。

在長安居住了幾年後，白居易參加了當時的科舉考試，並且中了進士。唐憲宗很早就已經聽聞白居易在長安城中小有名氣，於是便馬上將他提拔為翰林學士，不久後又任命他為左拾遺。

白居易性格比較正直，為人忠厚，擔任左拾遺之後，便徹底履行了自己的職責。只要是唐憲宗做了什麼不對的事情，其它人都是不願意指出或者是不敢指出，可是白居易卻不畏權勢，當面提出自己的意見，有時甚至還會與皇上爭論起來。

有一次，唐憲宗想提拔王鍔為宰相。可是王鍔生性奸詐，平常搜刮百姓民脂民膏，無惡不作，而王鍔就是用這些不義之財向皇帝諂媚以獲得恩寵。像王鍔這樣的人，白居易一向不屑與他為伍，可是唐憲宗竟然要讓這種小人為當朝宰相。白居易忍不住又向憲宗直言道：「宰相肩負輔助重任，非賢良正直之人不能擔此職位。而王鍔則惡貫滿盈，怎麼配做一朝宰相呢？如果這樣的人做了宰相，對皇上您是有害無益啊！」白居易的此番話說得異常的尖銳，而又是佔了一個「理」字，根本就沒有辯解的餘地，於是唐憲宗也不再堅持，只好放棄了這個想法。

　　白居易對於宦官干涉朝政也是比較的反感。有一年，有個地方節度使不服從朝廷的命令，於是皇帝決定派遣自己身邊的一個宦官帶兵去討伐，朝中的大臣心裡對於皇帝的做法都是十分清楚，派宦官帶兵打仗最後只能是失敗而歸，於是所有的諫臣都紛紛上書勸阻。白居易看著事態緊急，也就沒有多加考慮就當面反駁了唐憲宗的意見，而且言詞也是十分激烈。唐憲宗對於白居易這次的做法非常反感，一時之間不知道自己說些什麼。等下朝之後，唐憲宗就生氣地對宰相說：「白居易是我一手將他栽培起來的。可是他竟然當著這麼多大臣的面對我如此無理，真是讓人忍無可忍！」宰相也是個忠臣良將，聽完唐憲宗的抱怨，就從中調解道：「白居易的性子比較直，一向是直言不諱，這也正是他的優點啊，他之所以這麼做，正是因為他對皇上是忠心的。如果因此而將他治罪，恐怕以後就不會有人敢直諫了。」唐憲宗聽了宰相的話，心中的氣已經消去了一半，白居易才免去了責罰。可是，沒過多久，唐憲宗還是感覺白居易不適合再擔任左拾遺的職位，於是就把安置在了其它的職位上。

　　白居易在做官的同時，也沒有放棄他的愛好，還在創作自己的詩歌。白居易做詩，並不是因為自己的無聊消遣，也沒有無病呻吟，他的每一首詩都是直接體現了現實生活，反映當今人們的生活狀態。就像他的一首詩中寫到的那樣「文章合為時而著，歌詩合為事而作」。這句話就完全體現了白居易創作的宗旨，其中「合」的意思就是應該。而詩中的「為時」、「為事」，都是當下的一種社會狀況。他的大多數的作品，尤其是其中的代表之作〈秦中吟〉，它就是反映了當時宦官狗仗人勢的醜惡嘴臉，也極度諷刺了其它達官貴人萎靡奢侈的荒唐生活，更是從中抒發了對平民階層如刀山火海般痛苦生活遭遇的同情等。也正是因為白居易作詩的矛頭直指向當時政權的黑暗和權貴的荒淫，所以也受到了當時大多數有權勢之人的牴觸和厭惡，他們每

時每刻都在想著辦法誣陷白居易，想把他這顆眼中釘肉中刺徹底拔掉，以解心頭之恨。

終於讓他們抓住了一個機會。在元和十年的時候，有人派遣刺客暗殺了當朝宰相武元衡。而其中所暗含的政治因素也比較複雜，所以這讓其它的朝中大臣誰也不願去蹚這污水，免得惹禍上身。但是白居易還是像以往一樣當面站出來，上奏唐憲宗，要為宰相徹查到底，抓住元兇，給天下百姓一個交代。

那時候的白居易只是作為皇太子的侍從官，並不是諫官。為此那些對白居易恨得咬牙切齒的大臣和宦官們都緊緊抓住這個機會，說白居易已經沒有評論朝政的權利，他甚至還不問諫官的意見就自作主張，這麼做分明就是想越權。並且還污蔑白居易其實就是一個逆子，他甚至還把他的母親扔到井裡活活淹死。

當時的唐憲宗昏庸無能，再加上他原本就已對白居易的直言不諱心生厭惡，一怒之下便把白居易貶為江州司馬（今江西九江一帶）。

白居易無緣無故地被貶江州，心情是極度鬱悶。有一次，當他去送別自己的客人時，在湓浦口看到了一位流落江湖的歌女。她哀怨的琴聲和淒慘的身世背景，都讓白居易感同身受，對她也是充滿了無比的同情，回去便寫下了流傳百世的千古名句「同是天涯淪落人，相逢何必曾相識」，這是〈琵琶行〉中的兩句詩，至今都被世人廣為流傳。在白居易的所有詩作中，所用的詞句都是通俗易懂，很容易讓人背誦和理解。據說，他的每一首詩，都會找一個不識字的人來聽一聽。如果他們聽不懂的話，他就一直改直到他們能夠聽懂為止。所以白居易的詩哪怕是一個拾荒的流浪漢也都能理解其中意思，所以他的詩一直受到平民階層的追捧，在當時也是風靡一世，無論是王公貴族還是平常的老百姓，都可以隨口背出他的幾首詩或者是幾句詞。有一回，白居易的朋友在當地宴請自己的賓客，正巧白居易也在，所以就

一併邀請到這位朋友家，而那些前來助興的歌女們聽說白居易的到來都十分的興奮，相互轉告說：「那位〈秦中吟〉、〈長恨歌〉的大詩人也來了！」

白居易在當時的名聲如此之大，一般的詩人實在是不能與他相比。可是他並沒有因此而飄飄然，相反他還是一直很謙虛，說要比才氣，自己與孟浩然和韋應物等人相比還是大大不足的，就連同時期的孟郊、張籍等詩人他也是不能與之相比的。

白居易對自己的詩歌創作抱著精益求精的態度，對自己作品的品質永遠都不滿意，這也就是白居易有如此高詩歌造詣的一個主要的原因所在。

一代才女薛濤

薛濤小時候她的父親指著自家院中井邊的梧桐樹吟誦道：「庭除一古桐，聳幹入雲中。」薛濤不假思索就應道：「枝迎南北鳥，葉送往來風。」父親為此發愁良久。這出口不俗，凝聚了薛濤小時候的智慧和才華的一句詩，也成為她日後過上妓女生活的暗語。薛濤的父親很早就去世了，母親自己一直寡居，把薛濤養到可以結婚的年齡。這時候的薛濤儀表舉世無雙，才華橫溢在附近小有名氣。西元七八五年，韋皋奉命鎮守蜀地，就召喚薛濤來侍酒賦詩，從此以後薛濤就開始了樂籍的生活。

韋皋一共鎮守蜀地二十一年，他手下的人才濟濟。唐朝中期的許多有名將相都出自他的大門。身為幕府營妓的薛濤，曾經和黎州刺史行一起做了〈千字文令〉，她的聰穎辯才博得滿座喝彩；她和幕賓寮屬們一起喝酒吟詩，因為極高的才華贏得了很高的聲譽。並且她的詩作和才氣也隨著幕府走出的使車傳遍了全國各地。當時年輕的薛濤尚且不知愁是什麼滋味，即使自然界的景物變化偶而會撩起她幾絲感傷的情緒，但是她仍然以「但娛春日長，不管秋風草」（〈鴛鴦草〉）的態度過著消遣詩酒流連忘返的生活。　由於韋皋對她的寵愛，薛濤曾經介入了幕府裡面的政事，在何光遠的《鑒戒錄》卷十記載說：「每次奉命到蜀地的人，大部分都要求見薛濤，然而薛濤生性狂傲，從不避嫌疑，收到的金銀布帛都據為己有。」這事引起了韋皋的惱火，於是在西元七八九年將薛濤驅趕到松州。

松州是西邊的邊境，抵抗吐蕃的前線，這時薛濤才體會何為悲涼，就把邊塞落寞的景象和自己內心的幽怨銜接起來，寫下著名的了

〈罰赴邊有懷上韋相公〉和〈罰赴邊上韋相公〉兩首詩，來訴說心中的委曲，後來因為獻詩就獲得釋放。

薛濤所寫的字沒有一絲女子的柔情，筆力剛勁有力且峻激。每當寫字寫到酣暢淋漓的時候，筆法就可以和王羲之媲美，如果再加以練習就可以趕上衛夫人了。尤其喜歡寫自己所做的詩，語意工整，意寓深邃，警句頗多，並因此得名。

獲得自由之後，薛濤就馬上回到了成都。沒過多久，她就脫去了樂籍，隱居在浣花溪邊寫作了「前溪獨立後溪行，鷺識朱衣自不驚」（〈寄張元夫〉）等詩句，她時常身穿紅衣，在溪畔猶豫徘徊，在冷靜中開始思索著什麼，在沉靜中表現了她的成熟。在溪畔的那段日子生活是自由、帶有浪漫氣息的，充分突出了薛濤的個性特徵、她非常喜愛紅色，不管是寫「紅開露臉誤文君」（〈朱槿花〉）中的朱槿花，還是「曉霞初疊赤城宮」（〈金燈花〉）中的金燈花，或者是寫「竟將紅纈染輕紗」（〈海棠花〉）中的海棠花，全部都從「紅」處著筆。她在自己的門前種滿了和杜鵑一樣鮮豔的琵琶花，讓自己整日生活在紅浪般的一片花海裡。甚至就連一時重金難求的「薛濤箋」，也是帶著「深紅小箋」。到處體現著主人熱情活潑的內心世界。

到西元八〇五年，鎮守蜀地的韋皋去世。後人的十鎮節度使中，武元衡、王播、高崇文、段文昌、李德裕等五鎮和薛濤都有書信往來，交往很密切，甚至當時知名的詩人如元稹、王建、白居易、劉禹錫、杜牧等也都視薛濤為知己。雖然薛濤人已到了中年，但卻依然過著「門前車馬半諸侯」的富貴交遊生活。薛濤之所以得到眾多人的愛戀主要是因為她自身才華橫溢，詩作自成一格，與那些自認為才華橫溢的詩人們志同道合。

西元八〇七年，武元衡奉命鎮守成都，就想封薛濤作為校書郎，雖然沒有真的授予官職，但是薛濤卻從此獲得了「女校書」的光榮稱

號。在王建的〈寄蜀中薛濤校書〉一詩中寫道：「萬里橋邊女校書，琵琶花裡閉門居，掃眉才子知多少，管領春風總不如。」「女校書」從此就成為了才女薛濤的一個代名詞。「女校書」的才華橫溢不但表現在「辭客停筆」、「工卿夢刀」的藝術功力上，還表現在治理國家大事的政治方面。薛濤因為以前幕僚營妓的生活從而熟知歷朝歷代幕府的情況，所以成為了節度使們諮詢信息的對象，因此受到了極高的待遇。大和五年，李德裕要為防吐蕃修建一所籌邊樓，薛濤就為他作了〈籌邊樓〉一詩道：「平臨雲鳥八窗秋，壯壓西川十四州。諸將莫貪羌族馬，最高層處見邊頭。」

唐代也有像李冶、魚玄機那樣的風華才子，他們的智慧和文才或許可以和薛濤相媲美，但是在政治素質和人生經驗上卻顯得略遜一籌，所以從這一點說來。這位「女校書」的才名是無可以替代的。

薛濤的墳墓在今天的成都市東郊，望江樓公園東錦江的旁邊，在四川大學的校園內。

「文起八代之衰」的韓愈

　　韓愈是大唐一位非常有成就的文學家。他認為從魏晉南北朝開始，社會風氣就日漸頹廢，就連文風也受到影響而日漸頹靡了。許多文人在寫文章的時候，都是追求一種固定的模式，比如堆砌詞藻或是講求對偶，都缺少對自己真情實感的表達。作為一名文人，他不能容忍文風的繼續衰敗，於是下定決心對這種沒有生氣的文風進行改革，寫了不少推動改善文風的散文，在當時的文學界產生了很大的影響。由於他的寫作實踐和主張實際上是繼承了古代散文的一些寫作傳統，所以被後人稱為「古文運動」。後來，人們習慣將他和柳宗元同時稱為「古文運動」的宣導人。

　　韓愈不僅善於寫文章敢於對那些半死不活的文風提出抗議，而且還是一個直言敢諫的賢臣。因此，韓愈就做了一件得罪朝廷的事兒。

　　唐憲宗為了追求長生不老，到了晚年開始過上了迷信佛法的生活。有一次無意中被他打聽到在鳳翔的法門寺裡，有一座叫護國真身塔的寶塔。在塔裡長年供奉著一根神奇的骨頭，據世人傳說是佛祖釋迦牟尼當初留下來的一節指骨，這座寶塔每隔三十年才開放一次，專門供人頂禮膜拜。這樣做的原因，是希望能夠為老百姓求得人人平安，風調雨順。

　　唐憲宗聽信了小人的讒言居然真的相信寶塔靈驗，下令特地派了由三十名高僧組成的隊伍，到法門寺把那節據說是佛祖指骨的佛骨用奢侈方式迎接到長安。他首先把那節佛骨放在自己的皇宮裡供奉，然後再送到寺廟裡，讓文武百官和百姓瞻仰。下面的一班文武大臣，一看到自己的主子這樣認真，不論這個佛骨靈不靈驗，為了拍皇上馬屁

也得湊個熱鬧。於是，成百上千的人想方設法想要弄到瞻仰佛骨的機會。家裡有錢的，捐了大把香火錢；家裡沒錢的，就用香火在自己的頭頂或者手臂上燙幾個香疤，一來表示對佛祖的虔誠，二來嘛，這也算是在表達對皇帝的支持。

可是這個脾氣耿直的韓愈就是不信這一套。他從來不相信神佛，更不要說千方百計去迎合皇帝而瞻仰佛骨了。他對憲宗這樣大肆鋪張來迎接佛骨的行為，非常不滿意，於是，倔脾氣的他就給唐憲宗上了一道直諫的奏章，奉勸唐憲宗不要過分沉迷於這種迷信神佛的事。並且說，佛法的傳說，不是中國的老祖宗傳下來的，只是在漢明帝的時候，才從西域傳到了中國。他又說，在歷史上只要是癡迷於信佛的王朝，存在的時間都不長，可見佛是不會保祐任何人的，只是在騙人。

唐憲宗收到韓愈的這個奏章火冒三丈，立刻把自己最信任的宰相裴度叫了來，說韓愈誹謗朝廷、對上不尊，一定要把他殺死才可以解氣。

裴度趕緊替韓愈請求饒他一命，唐憲宗的氣稍微平和一點後，說：「這個該死的韓愈說我信佛太過分了，我還可以原諒他；但是他竟然敢說所有信佛的皇帝，壽命都不會長，這不是在咒我早死嗎？就憑他對我的不敬，我就必須砍他的頭。」

可能韓愈平時積攢了一些好人緣，在這個關鍵時刻，有很多人替韓愈去向憲宗求情，看在這麼多人的面子上，唐憲宗沒有殺韓愈，但是卻把他降職到遙遠的潮州去當刺史，其實就是不想再看到韓愈。

從長安到潮州，路途遙遠，韓愈孤零零地一個人，被貶到那麼邊遠的地方去當刺史，一路上的辛酸真是難以言喻。等到韓愈好不容易到了潮州的時候，想到自己的不被皇帝待見的遭遇，又考慮到當地百姓的艱難生活。於是，他就把潮州官府裡的官員找來問話，詢問當地老百姓的生活中有什麼疾苦。

有官員說：「這兒的糧食產量低，因此老百姓的日子經常是食不果腹；還有在城東惡溪裡有一條兇惡的鱷魚，時不時上岸來傷害百姓的牲畜，百姓的日子被它害得更加苦了。」

韓愈收起悲痛，振作精神說：「既然是這樣的大惡物，那我們就得設法把它除掉，不能讓它再危害百姓。」

雖然韓愈說的信誓旦旦，可韓愈畢竟是個手無縛雞之力的文人，一拿不動刀，二箭法又不精準，用什麼去除掉鱷魚呢？後來他想了一個文人的方法，他發揮自己的長處動筆寫了一篇〈祭鱷魚文〉，並且專門派人到江邊去向鱷魚誦讀這篇祭文，又叫人分別殺了一頭羊和一口豬，並把它們丟到江裡去餵那條鱷魚。那篇祭文的內容是，他要求鱷魚必須在七天之內回歸到大海裡去，否則就派人用強弓毒箭，把鱷魚的後代全部射殺。

韓愈是個不信神佛的人，又怎麼會相信鱷魚能通靈呢？這當然只是他想出來的安定人心的一種障眼法罷了。

然而，天下的事就是這麼湊巧，據說從那以後，那只大池裡的鱷魚就真的消失了。當地的百姓都信以為真是朝廷派來的大官給鱷魚下的驅逐令生效了，於是，都開始安心生產了，百姓的生活就好過多了。

這個韓愈被貶在外地做了一年官，於西元八二〇年被調回到了長安，專門負責國子監裡的工作。因為厭惡韓愈的唐憲宗已經被宦官殺害。他的兒子李恒即位，就是後來的唐穆宗。

千古罵名──惹人恨的奸佞酷吏

「請君入甕」的來俊臣

來俊臣是一個把「奸臣」當成事業來做的人，所以他不會對任何人感到同情和不忍心，對待與他並肩作戰的朋友也是一樣的心狠手辣。

周興和來俊臣同為幫武則天鎮壓反對她的人的狠毒酷吏，他們倆利用誣陷、控告和慘無人道的刑法，殺害了許多正直忠誠的文武官吏和無辜的平民百姓。有一天，武則天收到內容是告發周興與人聯絡串通謀反的舉報信，對此感到十分惱怒的她，責令來俊臣嚴查此事。對此來俊臣心裡直犯嘀咕，他想：周興是個非常狡猾奸詐的人，單單只憑一封告密信，是無法讓他說出實話，來制服他的。但是也不能因為查不出結果就將他給放了啊，到時皇上怪罪下來，我來俊臣也擔待不起呀！他苦苦思索了半天，終於想到了一個妙計。

來俊臣在家中準備了一桌非常豐盛的酒席，海參鮑魚應有盡有，他邀請周興來到自己家中，兩個人你勸我喝，邊喝酒邊聊天，表現出一副哥倆好的樣子。酒過三巡，來俊臣唉聲歎氣地說：「我最近遇到了一個大麻煩，今天只好請兄弟你來想想辦法幫幫我。事情是這樣的，我剛剛接到皇上的命令，讓我去查辦一個案子，且一定要將事情查個水落石出，但問題是那個犯事的小子就是死不認罪，不知道老兄你有沒有什麼高見呢？」周興得意地說：「這事很好搞定！」說著還端起酒杯抿了一口酒。來俊臣馬上裝出很急切的樣子說：「哦，那請老兄快快指教一番。」周興陰險地笑著說：「您去找一個大甕，然後再用炭火把四周烤熱，因此那個大甕就好像一個熔爐一樣，這個時候您再讓犯事的人進到大甕裡，您想想，就算犯人他是有三頭六臂，他也一定

會將所有事情都給招供的。」來俊臣連連點頭稱是,隨即命令下人將一口大甕抬了進來,按照他所說的那樣,在大甕四周點上炭火,然後回頭對周興說:「朝廷內有人密告你與人聯絡串通謀反,上邊命我嚴查此事。對不起了,就請老兄現在自己鑽進甕裡吧。」周興聽完這話後,手裡的酒杯啪嗒一聲掉在地上,跟著又撲通一聲癱倒在地,猶如一灘爛泥,知道自己在劫難逃,只好俯首認罪。

著名成語「請君入甕」就是由此而來,比喻用某人的方法整治他自己。

來俊臣也不例外,一旦得志,就開始自我膨脹了。來俊臣已經習慣害人、整人了,一天不害人他就開始心癢手癢了,後來由於可以被整治的人基本上都被他危害完了,他開始找不到方向了。他在尋找新的整治目標的時候,竟然把主意打到了位高權重的武氏諸王和平時對他不以正眼相看的太平公主等人身上,利用陰謀詭計給這些人羅織罪名,將其陷害入獄。

至此,大家都很懼怕來俊臣,再加上女皇武則天對他的寵信和保護,根本沒有將他放在眼裡的武氏諸王和太平公主等人,想要扳倒他是沒有那麼簡單的。這時候,真正讓來俊臣陷於滅頂之災的,卻是他的下屬兼朋友——酷吏衛遂忠。

衛遂忠為人聰明伶俐,能說會道,因此很受來俊臣的賞識,他也算是來俊臣的死黨。有一天,他喝了很多酒,醉醺醺得來到來俊臣家的門口,正逢來俊臣宴請妻子的家人,大家正濟濟一堂,舉杯暢飲。衛遂忠突然不請而來,來俊臣覺得他醉態百出,上不了檯面,就吩咐管家說:就說我不在,別讓他進來!誰知道衛遂忠喝醉了耳朵還那麼靈,剛好讓他聽到院中來俊臣猜拳行酒令的聲音,他也是個比猴子還精的人,一眼就看出來其中的原委了,這可太傷自尊了!他直接硬闖了進去,指著來俊臣的鼻子就是一通狂罵,說你有什麼了不起呀,我

怎麼就不能進來了⋯⋯。

等酒醒了之後，衛遂忠開始寢食難安了，越想越覺得後怕，他是來俊臣的心腹，知道來俊臣心如蛇蠍，絕對不會輕易放過自己的。於是他索性一不做，二不休，去給來俊臣下絆子了。為了保住自己的性命，他決定投靠武氏諸王和太平公主。俗話說先下手為強，後下手遭殃。於是他先發制人，把來俊臣的陰謀詭計告訴了太平公主和武氏諸王。

武氏諸王和太平公主等人哪有那麼好惹，大家聯合在一起，趁著人多勢眾，將來俊臣一舉拿下，在洛陽鬧市斬首示眾。洛陽城中的百姓不論男女老少都十分憎恨他，知道武氏諸王要將其斬首後，都拍手叫好。在斬首那天，洛陽城的老百姓傾城而出，都來看熱鬧，來俊臣人頭剛一落地，百姓蜂擁而上，把來俊臣的屍體挖眼剝皮，連五臟六腑都掏了出來。頃刻間，來俊臣就屍骨無存了。

後來，武則天終於醒悟過來，將其定罪，下詔書道：「來俊臣本來是個奸詐小人，向來狡猾兇惡，心狠手辣，無惡不作，雖然他死了，但是他的全族家人應該都被誅殺，從而消除人們心中的憤恨。」至此，一代酷吏來俊臣就這樣走向了末日，落得如此下場真是罪有應得。

口蜜腹劍的李林甫

李林甫，是中國歷史上的十大奸臣（來俊臣、慶父、梁冀、董卓、趙高、嚴嵩、李林甫、魏忠賢、秦檜、和珅）之一，臭名昭著。

李林甫最開始的時候擔任吏部侍郎，但因為他為人奸詐多端，所以他和眾宦官、妃嬪交情非常深厚，因此就對皇帝的一舉一動瞭若指掌。所以他每次都可以順應皇帝的心態奏旨，深受唐玄宗的賞識。那個時候武惠妃最得聖寵，他的兒子壽王李瑁也因此最受玄宗的寵愛。於是李林甫就見機使舵諂附於武惠妃，最後因此受益擢升擔任黃門侍郎。到了開元二十二年的五月二十八日，唐玄宗任命了裴耀卿擔任侍中，張九齡擔任中書令，李林甫擔任禮部尚書、同中書門下三品。從此以後李林甫就漸漸開始了專權的步伐。在他擔任宰相的十九年中，玄宗始終對他深信不疑。究竟是李林甫太奸詐還是唐玄宗太昏庸就不得而知了。李林甫最擅長的就是玩弄權術，表面上用甜言蜜語來搪塞你，背後裡卻用陰謀詭計暗害忠良。只要是被唐玄宗信任或是反對他的人，他一定會親往結交，等他利用完人家自己權位在握時，就會設計除去反對他的人。就算是再老奸巨猾的人，也往往成為李林甫的手下敗將。他精通音律，這點非常符合玄宗的口味，玄宗本身對音律也特別喜愛，這也許是李林甫可以被重用多年的原因吧。

說起李林甫的發家史，也就是抓住了時機。當時的玄宗做了二十餘年的太平天子，於是就逐漸滋長了驕傲懶惰的情緒。他心想，當今天下太平安樂，政事方面有宰相負責治理，邊防又有將帥負責鎮守，自己又何必那麼為國事費心費力？於是，他就開始追求起享樂安逸的生活來。

　　當時擔任宰相的張九齡看到玄宗這種情況，心裡非常著急，於是就常常給唐玄宗提一些意見。唐玄宗原本很尊重張九齡的勸諫，但是到了後來，漸漸就對張九齡的意見表示厭煩並且聽不進去了。

　　這個時候李林甫就出現了，他是一個不學無術，什麼本事都沒有的人，但是專門學了一套溜鬚拍馬的本領。勾結宮裡的宦官和妃子探聽玄宗的言行，因此對玄宗的性子摸得很清楚，每當唐玄宗找他商議什麼事的時候，他都能夠對答如流，想的簡直和唐玄宗想的一模一樣。唐玄宗聽了以後覺得心裡挺舒服，因此就覺得李林甫非常能幹，又很聽話，比張九齡那個木頭強多了。

　　於是唐玄宗就想把李林甫升為宰相，於是跟張九齡商量這件事。張九齡很早就看出李林甫不是正人君子，於是就非常乾脆地說：「宰相這個地位，是關係到國家的安危存亡的。陛下假如任命李林甫擔任宰相，那麼最後只怕國家要遭到很大的災難。」

　　這些話當然馬上就會傳到李林甫的耳朵裡，因為宮中到處都有他的耳目。李林甫立即就對張九齡懷恨在心。朔方的將領牛仙客，雖然說目不識丁，但是在理財方面卻頗有辦法。於是唐玄宗就想提拔一下牛仙客，但是張九齡沒有同意他的想法。李林甫於是借機在唐玄宗面前說：「像牛仙客這樣有才華的人，才是擔任宰相的最佳人選；張九齡根本就是書呆子，目光短淺。」

　　又有一次，唐玄宗繼續和張九齡商討提拔牛仙客為宰相的事。張九齡還是執意不肯。唐玄宗就大發雷霆，厲聲對他說：「難道什麼事都得你說了算！」唐玄宗就覺得張九齡越來越討厭，再加上因為聽信了李林甫的誣陷之詞，最後終於找到藉口撤了張九齡的職位，讓李林甫擔任宰相。

　　這可真是小人得志，李林甫當上宰相以後，做的第一件事就是把唐玄宗和百官的聯繫隔斷，不允許大家在唐玄宗面前提任何意見。有

一次，他把所有的諫官都召集起來，並且公開宣佈說：「現在的皇上任何旨意都是聖明的，我們做臣下的只需要按照皇上的意旨辦事，不要在皇帝面前七嘴八舌的。你們看到那些立仗馬嗎？它們所吃的飼料就是相當於三品官的待遇，但是如果哪一匹馬胡亂叫了一聲，那麼立即就會被拉出去不再用了，到時候後悔都來不及了。」

曾經有一個正直的諫官沒有聽從李林甫的話，於是上奏本給唐玄宗提了一些建議。結果第二天，就接到了皇帝的命令，被貶到偏遠地區去做縣令。大家都知道其實這是李林甫的意思，於是都見識到了李林甫的厲害，以後誰也沒有膽量向玄宗提出意見了。李林甫明白自己在朝廷中的名聲不好。所以在大臣中只要是能力比他強的，他就想方設法把他們除掉。他為人陰險到排擠一個人的時候，表面上沒有任何表現，笑臉待人，可是在背地裡卻暗箭傷人。

有一次，唐玄宗在勤政樓上遊玩，隔著簾子遠眺，恰好兵部侍郎盧絢騎著馬從樓下經過。唐玄宗偶然看到盧絢的風度很好，於是就隨口讚賞了幾句。第二天，李林甫知道了這件事，就決定把盧絢貶為華州刺史。盧絢到任後時間不久，又被誣陷說他的身體不好，非常不稱職，於是被再一次降了職。

曾經還有一個官員叫嚴挺之，也是深受李林甫的陷害，本來已經被李林甫排擠到外地當刺史了。但是後來，唐玄宗突然想起他，就跟李林甫說：「嚴挺之現在還在嗎？這個人非常有才能，還可以得以重用呢。」李林甫就說：「既然陛下想念他，那我就去打聽一下。」於是退了朝以後，李林甫急忙就把嚴挺之的弟弟召喚來，對他說：「你哥哥不是非常想回京城來覲見皇上嗎，我倒是有一個好辦法。」

嚴挺之的弟弟看見李林甫如此關心他的哥哥，心裡當然是充滿感激，於是連忙請教他該如何做。李林甫說：「只要讓你哥哥上一道奏章，就跟皇上說他得了病，請求返回京城來看病。」嚴挺之剛一接到

他弟弟的信，就立即上了一道奏章，請求皇帝准許他回京城看病。李林甫於是就拿著他的奏章去見唐玄宗，說：「真是太可惜了，嚴挺之現在身染重病，不能再替陛下幹大事了。」

唐玄宗看到後也是非常惋惜地歎了口氣，就沒有再提這件事。其實像嚴挺之這樣的上當受騙的還真不在少數。但是，無論李林甫裝扮得如何巧妙，他的陰謀詭計到最後還是會被人們識破。於是人們都說李林甫這個人就是「嘴上像蜜甜，肚裡藏著劍」的小人。在李林甫當宰相的十九年裡，很多有才能的正直的大臣都遭到了排斥，而善於溜鬚拍馬的小人卻都個個受到重用和提拔。也就是在這個時候，唐朝的政治開始由興旺轉向衰敗，「開元之治」的繁榮景象逐漸消失，緊接著出現的局面就是「天寶之亂」。

天寶十一年十月李林甫抱病而亡，他死後遭到楊國忠的報復，當時還沒有下葬，於是就被削去了官爵，子孫全部流放嶺南地區，家產沒收充公，按照平民的禮儀而下葬。

倡狂一時的武三思

　　弘道元年，也就是西元六八三年，唐高宗駕崩，由太子李顯繼位，史稱唐中宗，而武則天是以太后身份把持朝政，成為大唐的真正掌權者。武則天為了鞏固權勢登基稱帝，便大力提拔武氏家族成員，因此，武三思從右衛將軍逐步晉升為兵部、禮部尚書，並且監修國史。西元六九○年，武則天登基稱帝，把國號改為周，史稱武周。為尊崇武氏，讓天下百姓誠服，武則天把她的祖先追封為皇帝，把她的侄子和侄孫們都封為王。武三思被封為梁王，賜封一千戶。

　　武三思生性乖巧，善於揣摸人意，阿諛奉承，所以很受武則天的信任。在西元六八四年，武三思和他的堂兄武承嗣，就多次勸解武則天除掉韓王李元嘉和魯王李靈夔。西元六八八年，在武則天的授意下，武三思以韓王、魯王和極力反武的越王、瑯琊王通謀的名義，迫使他們自殺，並且將其黨羽殺盡，清除武則天稱帝的障礙。西元六八五年之後，武則天開始寵信薛懷義和張易之、張昌宗。

　　武三思、武承嗣為了討好武則天，對薛懷義阿諛奉承，比奴僕還要恭順。諂媚地稱張易之為五郎，張昌宗為六郎，爭著為其駕轅，執鞭吆喝。為了盛讚張昌宗的才貌，武三思還特意寫詩說他是王子晉轉世，並讓當朝人士附和。武三思為了討武則天歡喜，稱頌她的功德，西元六九四年，武三思強迫來洛陽的使節、商人捐款百萬億，購買銅鐵，鑄造銅柱，名曰天樞，立於洛陽端門之外。武則天年事高了之後，不喜歡在宮中生活，所以，武三思在崇山創建三陽宮，在王壽山創建興泰宮，為武則天提供遊玩的地方。百姓都發愁工程所要耗費的勞力和財力。武三思之所以討好和奉承武則天和其寵臣，是為了達到

自己當天子的目的。西元六九八年，在宰相狄仁傑、吉頊的勸說下，武則天雖召回了被廢二十餘年的兒子李顯，並立李顯為太子，實現自己立子不立侄的許諾，但並沒有怪罪武三思，仍加以重用，西元六九九年封武三思為中書令，並讓其擔任宰相之職。到武則天晚年時，朝廷大權實際已經落入武三思和張易之、張昌宗兄弟手中。

西元七○五年正月，朝中發生軍事政變，以宰相張柬之、崔玄等為首的朝中大臣，殺死二張及其黨羽，並危逼武則天傳位李顯，但喪失了對武三思力量反撲的警惕。中宗李顯是個昏庸無能的人，復位稱帝後，皇后韋氏、上官婉兒以及安樂公主掌握了朝廷實權。武三思又與韋后，上官婕妤暗中勾結，加上安樂公主又是武三思兒子武崇訓的妻子。在中宗李顯剛剛登上皇位的兩個月後，通過上官婉兒和韋后的暗中關係，武三思重登宰相之位。張柬之、敬暉等看到形勢不妙，曾數次勸說中宗除掉武三思，中宗卻不聽；又勸說其削去武三思的官位，中宗仍是不聽。張柬之等人見大勢已去，只有悔恨但又無可奈何。　武三思重新掌權之後，積極拉攏親信，迫害異己。他首先把打擊的矛頭對準新任宰相敬暉、張柬之等五人。西元七○五年五月，中宗李顯罷免敬暉等五人的宰相職務，封他們為王，實際上是削奪他們的實權。隨後武三思讓其黨羽在宮內宮外散播謠言，很快就把敬暉等人貶官、流放，直至殺害。之後，凡是不歸順武氏的人，敬暉等人就是他們的下場，至此大權盡歸武三思。武三思接到告密，駙馬王同皎也非常痛恨他及韋后的所作所為，即命令黨羽冉祖雍等人上書誣告駙馬王同皎暗中結識壯士，準備暗殺武三思，廢除韋后，於是王同皎等人全部被殺。連曾起草請削武氏諸王表的中書舍人岑羲也被貶為潤州刺史。因曾上書揭露武三思父子的罪行，所以韋月將、高軫接到武三思的旨意，將韋月將問斬，高軫流放。而黃門侍郎宋璟堅持韋月將所犯的事不至於被殺頭，大理卿尹思貞藉故延遲刑期。武三思得到消息

後，十分不屑，下令將尹思貞貶為青州刺史、宋璟貶為貝州刺史。在極力排斥異己的同時，武三思也大力提拔重用依附於他的兵部尚書宗楚客和御史中丞周利用等人，使這些人成為自己的「羽翼」和「耳目」。因此周利用、冉祖雍等人被世人斥之為武三思的五條走狗。

武三思可以說是「順我者昌、逆我者亡」的典型人物。他經常對人說：「我不知道世間什麼人被稱為善人，什麼人被稱為惡人，但對於我來說對我善的人就是善人，對我惡的人就是惡人。」中宗李顯的太子李重俊，韋后和武三思都很討厭他，因為他不是韋后所生。而安樂公主、武崇訓夫妻常常侮辱太子，並且直稱太子為奴僕。武崇訓甚至唆使安樂公主去請求中宗將太子廢除，立自己為皇太女。因此，在西元七〇七年七月，氣憤之極的太子李重俊和大將軍李多祚等人聯合，率御林軍千騎兵三百多人，殺掉了武三思、武承嗣及其黨羽等十多人。武三思死了之後，中宗將其追封為梁王，諡號為宣；將武崇訓追封為魯王，諡號為忠。唐睿宗即位後，下令將武三思、武崇訓的棺材給斬了，還暴屍，平了他們的墳墓。略微涉及文史的武三思曾經與魏元忠等撰寫《則天皇后實錄》二十卷。

武三思的父親是女皇武則天同父異母的哥哥，是武承嗣父親的同母兄弟。兄弟兩人因對武則天的生母無禮，因此被武則天貶職流放。武則天當上皇帝之後，武三思和武承嗣並沒有因為他們的父親流放而受到牽連，而且還很受武則天倚重而成為她的左右手。

武三思是個卑鄙無恥的小人，為了自己的利益和官位什麼都幹得出來。薛懷義本姓馮，名為小寶，之前在洛陽市上賣藥，後來被千金公主推薦給武則天，成為她最早的男寵。武則天為他改姓起名與駙馬薛紹同族，讓他剃度為僧，提高他的身份，使其便於出入禁宮。

薛懷義依仗著武則天的寵幸，他平時飛揚跋扈，經常騎著馬在大街上橫衝直撞，數次傷人，但無人敢管。武三思、武承嗣很巴結討好

薛懷義，每次薛懷義騎馬出宮的時候，兩人便在爭著去伺候伺候。一人為其扶馬鞍，一人為其握馬韁，口中不斷叮囑其小心，比奴僕還恭順。當薛懷義失寵被殺之後，張宗昌、張易之兄弟又成為武則天的男寵。跟之前一樣，武三思和武承嗣二人，又百般阿諛奉承張氏兄弟。如果張氏兄弟要騎馬，兩人就爭著為其配鞍，尾隨在馬後；如果張氏兄弟要坐車，兩人就爭著為其駕轅，執鞭吆喝，且諂媚地稱張氏兄弟為五郎，六郎。兩人之所以對薛懷義和張氏兄弟百般諂媚的目的還是為了討好武則天，因此，兩人對武則天就更加萬般奉承，巧為逢迎。

為了討武則天的歡喜，讚頌她的功德，武三思以「天樞」的名義，購買銅鐵，鑄造銅柱，把銅柱立在洛陽端門外面，至此強迫來洛陽的使節和商人捐款百萬億。柱基是由鐵鑄成，形狀像山一樣，長有一百七十尺。柱是由銅鑄成，高有一百零五尺，直徑為十尺，雕刻蟠龍麒麟使其圍繞在銅柱上，柱子的頂上有承露盤，直徑為三丈。為了討好武則天，武三思撰文，將其對武則天功德的讚頌之詞，鑴刻於柱，並把百官及四方國君的姓名刻在上面，由武則天自己寫上「大周萬國頌德天樞」，整個鑄造的過程經過一年才完成。因為整個工程消耗的銅鐵量太大，所募捐的錢財萬萬不夠，於是強行且無償的在民間搜刮百姓的農具、器皿，害得無數百姓家破人亡。此後，類似這種獻媚的行為，數不勝數。　在武則天喪失地位之後，全靠武則天起家的武三思，全是因為他成為了中宗李顯的親家，才沒有失勢，反而更加得寵。

中宗李顯被武則天貶為廬陵王時，在押送到房州去軟禁的途中，其妻子韋后為其生下一女。因為當時處境艱難，李顯只能脫下自己身上穿的衣服包裹嬰兒，所以給孩子起名裹兒。李顯夫妻特別疼愛這個孩子，視其為掌上明珠。裹兒十六歲的時候，由武則天作主嫁給了武三思的兒子武崇訓。後來中宗復位，裹兒被封為安樂公主，武三思的

兒子武崇訓就名正言順成為了駙馬。中宗的昏庸無能，再加上武三思與其兒女親家的關係，使他對武三思過去的行為都忘之腦後，於是，武三思很快就成皇宮的常客了，沒過多久，竟然還與上官婉兒暗中有染。

上官婉兒因她爺爺上官儀犯罪被殺成為奴婢的關係，長期住在宮中，對政治事務頗為熟悉，再加上自己聰明伶俐，飽讀詩書，博覽經史，文思敏捷，才華出眾，所以武則天很欣賞她，經常讓她參與討論一些政事，草擬一些文件，相當於武則天的私人秘書。在武則天去世之後，中宗李顯聘上官婉兒為妃，封她為婕妤，讓她專門掌管草擬詔令的職務。上官婉兒文才很好，又很浪漫，在武則天還沒去世的時候，就跟張宗昌關係曖昧，現在又跟武三思暗渡風月。因為中宗李顯對韋后一直不加禁制，又加上韋后野心勃勃，總想成為武則天第二。每當中宗上朝的時候，她都要跟隨在旁，垂簾聽政。

上官婉兒為了鞏固自己的權勢，所以很討好韋后，之後又給韋后引薦武三思，使他們苟合成奸。在宮中大家幾乎都知曉，武三思與婉兒、韋后三人之間的污穢行為，就只有眼昏耳聵的中宗李顯自己不聞不知，還把給自己頭上戴綠帽子的武三思引為知己，視為自己的心腹。如果武三思三天不進宮，中宗李顯就陪韋后出宮，去武三思的家。當韋氏與武三思相互調笑戲謔，對飲親狎，而中宗李顯卻不以為然。

宮中的醜事傳揚出去，聽說的人都歎氣搖頭。尤其是在武則天喪失帝位的時候，中宗李顯對武三思過去種種惡行視而不見，沒有嚴懲，讓他後來更變本加厲。皇帝昏庸，奸臣當道，人們無不切齒痛恨。

靠裙帶關係發家的楊國忠

在唐玄宗獨寵楊玉環之後，她的同宗哥哥楊國忠也跟著驟然得志，官職升得很快，被晉升為宰相，並且身兼四十多個官職，而他與安祿山的矛盾激化導致了安史之亂。在安祿山叛亂時期，唐玄宗本想讓太子李亨繼承皇位，由於楊國忠與其姐妹的極力反對而未成事實；後又棄京幸蜀，如果到了蜀中，李亨在楊國忠勢力的控制下就更無出頭之日了。因此，太子李亨主謀，借機除掉了楊國忠。

楊釗從小就放縱任性，行為不加檢點約束，經常賭博喝酒，生活貧困，失意頹喪，為此常常向別人借錢，大家都瞧不起他。在他三十歲於四川當兵的時候，努力用功，表現非常不錯，卻沒有得到節度使張宥的重用，只讓他當了個新都尉，在任期結束之後，生活更加貧困。當時經常在經濟上資助他的四川富豪鮮于仲通，向節度使章仇兼瓊推薦了他，對他身材魁梧有力，聰明伶俐表示很滿意的章仇兼瓊，馬上將他任命為採訪支使，兩人來往密切。後來章仇兼瓊想讓楊國忠入朝為官做自己的內應，來抵抗專權的李林甫，保住自己的官位。這時楊玉環已經被封為貴妃，而與她同胞的三位姐姐也越來越被寵幸。章仇兼瓊利用了這一裙帶關係，派遣楊國忠去京城長安向朝廷貢俸蜀錦，並給楊氏姐妹帶了價值上萬的四川名貴土特產。到了京城之後，楊國忠把土特產分給楊氏姐妹，且說這些都是章仇兼瓊特意送給她們的。從此之後，楊氏姐妹就常常在唐玄宗面前替他們倆說好話，並把楊國忠引見給唐玄宗，將他封為曹參軍，由此他就可以隨從供奉官自由地出入禁宮了。楊國忠在長安安頓好了後，就利用楊氏諸姐妹得寵的機會。在宮中和朝廷內，費經心思地巴結討好皇上和有權勢的人，

以謀求私利。每次宮中設宴，楊國忠都掌管著娛樂活動的記分簿，玄宗很賞識他精明細緻的運算才能，曾經讚賞他是個很好的度支郎，為此任命他為監察御史，沒過多久又被提升為支員外郎兼職侍御史。一年時間不到，他就被晉升為朝廷重臣，且身兼十五個以上的官職。

西元七四八年，楊國忠建議玄宗將全國各地庫存的糧食、布帛賣掉，換成輕貨送進國庫，他時常對玄宗說，現在國庫十分富足，古今都很少有這麼充實。於是，在西元七四九年二月玄宗率領百官去參觀國庫，看到倉庫裡錢貨堆積如山後，非常高興，就賜給他紫金魚袋，兼職太府卿，專掌錢糧收支重任。自此，玄宗對他更加恩寵。第二年十月，玄宗給他賜名「國忠」，以示其忠誠。

楊國忠隨著地位的晉升，在生活上也越來越奢侈腐敗。每當陪伴玄宗和貴妃出遊的時候，楊氏諸姐妹都是先聚集在他的家中，用黃金、翡翠做裝飾，用珍珠、美玉做點綴來比賽看誰裝飾的馬車更豪華，楊國忠還特意拿著節度使的旌節張牙舞爪。

剛開始的時候，楊國忠和宰相李林甫關係密切，兩個人彼此互相利用。他為了升官盡力巴結討好李林甫，而李林甫也極力拉攏身為皇親國戚的他。他積極參與李林甫陷害太子李亨的活動中，他們用詭計株連了上百家太子的黨羽，因此他跟太子的仇越結越大。後來，在新舊貴族之間爭權奪利的時候，在對待王的問題上，他與李林甫之間產生了很大的矛盾。兩人本來都很羨慕和嫉妒皇上對王氏的恩寵，但為了約束楊國忠，於是李林甫極力提拔王氏。在王氏受到楊國忠的陷害時，李林甫又想盡辦法為他開脫。由於楊國忠從中作梗，玄宗對李林甫很冷漠，而王氏也被誣陷致死。楊國忠得到了王氏所有的職位。

玄宗如此寵信楊國忠，不單是為了取悅楊貴妃，最主要的目的是借他來約束專權的李林甫。終於在西元七五二年十一月，宰相李林甫死了，楊國忠接任了宰相的位子，且身兼四十餘職。

　　在楊國忠的政治生涯中，曾經兩次發起了征伐南詔的戰爭。西元七五一年，楊國忠當上京兆尹沒多久，他因為感激鮮于仲通過去對自己的幫助，於是推薦其擔任益州長史、劍南節度使，命鮮于仲通率八萬精兵攻打南詔，結果全軍覆沒。對此，楊國忠為他掩蓋敗狀，且虛報戰功。沒過多久，楊國忠第二次請求起兵攻打南詔。他們在各地強制招兵，使無數人妻離子散家破人亡。西元七五四年六月，楊國忠又派李宓率兵七萬再次攻打南詔，最終又慘敗而歸。兩次南征，死亡達二十萬之眾。因為他的好大喜功，不斷發動侵略戰爭，給少數民族帶來了很大的災難，弄得家破人亡，民不聊生。

　　為了發展自己的勢力，楊國忠極力耍弄手段，拉攏別人，本來手續十分嚴格的選官制度，卻被他搞得十分鬆懈，選官的權力被他一人壟斷，致使所選官員品質大大下降。為此，那些滿足了權欲的人，常常稱讚他。而他的親信們更是去請求玄宗，在省門為其立碑，用以歌頌他選官的「功勞」。玄宗親自在鮮于仲通為其撰寫的碑文上，修改了幾個字。為了討好、恭維楊國忠，於是鮮于仲通用黃金填寫皇上修改的那幾個字。

　　楊國忠毫不關係百姓疾苦。西元七五三年，關中地區洪災持續發生，導致饑荒嚴重。他還特意讓人拿好的莊稼給玄宗看，讓其相信洪災並沒有使莊稼損害。對此，也沒有人敢揭發、檢舉他。

　　西元七五五年，「安史之亂」爆發。安祿山以討伐楊國忠的為藉口發起了叛亂。他和楊國忠都是在天寶年間新近作高官的人，都很得玄宗的寵幸。不過，他得志的時間比楊國忠早很多。西元七四二年，他就身任三道節度使，掌控東北地區的精兵，這時楊國忠還沒有擔任高官要職，西元七五〇年他又被封為東平郡王。雖然楊國忠是皇親外戚，但是直到西元七四八年才被提升為給事中兼職御史中丞，專判度支事。在朝廷中，安祿山根本就沒把楊國忠放在眼裡。在楊國忠接替

宰相的職位後，想除掉安祿山，經常在玄宗面前說其有謀反的跡象，玄宗不相信。之後，楊國忠又想到了一個詭計，請奏皇上任命哥舒翰為河西節度使，來排擠和約束安祿山。西元七五四年春天，事先接到楊貴妃通風報信的安祿山，將計就計，在接到玄宗按照楊國忠的建議故意召他入朝，試探他有沒有叛亂的心思的詔書後，故作姿態地向玄宗申述自己忠心耿耿，使得玄宗對他更加信任，準備讓他當宰相，但楊國忠適時勸阻了，只將他任命為左僕射。至此，他倆之間的矛盾越演越烈，再加上楊國忠任宰相後，導致怨聲載道，最終使安祿山發起了以討伐楊國忠為名，實際上是為了奪取皇權的叛亂。

西元七五六年六月，叛軍將潼關攻克，長安朝不保夕，於是玄宗聽取楊國忠的建議，打算逃到四川避難。當將士們走到馬嵬驛時，因為又累又餓，又加上炎熱的天氣，都不肯繼續前行了。這個時候，楊國忠的政敵太子李亨以及宦官李輔國和陳玄禮都抓住時機，鼓動將士們說這次的事情都是由楊國忠導致的，只有將其殺了才能平息叛亂。剛好這時，在驛站門口有二十多個吐蕃使者截住了楊國忠的馬頭，管他要東西吃。心懷憤怒的將士們馬上將他們包圍並大喊：「楊國忠與吐蕃謀反！」將士們全都圍了過來，最終將其亂刀砍死。緊接著，楊貴妃也被弔死，而楊國忠的妻兒全被殺掉。

表面上看起來是將士們突然哄鬧造反的馬嵬驛之變，實際上是由太子李亨以及宦官李輔國、高力士等人謀劃的一場政治鬥爭。在西元七四六年，遭到李林甫和楊國忠的陷害打擊後，太子孤立無援；等楊國忠當上宰相後，又經常排擠、打壓太子；在安祿山叛變的時候，玄宗原本打算禪位給太子，因受到楊國忠及其姐妹的極力反對，最後沒有成功；後來又打算逃去四川，如果到了四川，在楊國忠勢力的打壓下太子就更無出頭之日了。於是，太子李亨主謀策劃了這場兵變，借機將楊國忠除掉了。

安史之亂的罪魁禍首安祿山

　　安祿山，唐玄宗時候「安史之亂」的罪魁禍首。是遼寧朝陽人，他的原名是軋犖山，他的母親為突厥人。安祿山很小的時候便失去了自己的父親，他的母親也改嫁給了突厥的安延偃，於是安祿山便易姓為安氏，改名為祿山。安祿山對於邊境的幾種少數民族的語言很是精通，剛開始他做的便是與少數民族溝通貿易的中間人。

　　西元七二四年，安祿山因為盜竊了別人家的一隻羊，被官員逮捕，準備將他亂棍打死。於是，安祿山大喊道：「大人這個時候應該做的是消滅蕃軍，而不是在這裡棒殺安祿山，您這樣做真是沒有大志啊。」當時的官員張守珪一聽，覺得十分有道理，又看見安祿山本人其實長得也是白白胖胖的，應該不是慣犯，於是，便下令釋放安祿山，讓他跟在自己的帳下做事。後來因為安祿山足智多謀，又聰明機智，很是得張守珪的喜歡，於是將他提升為捉生將，並且還將他收為義子。

　　西元七四○年，安祿山又被任命為平盧兵馬使。安祿山詭計多端，更是擅長逢迎拍馬，在他任職期間，安祿山大量賄賂朝廷所派遣的使臣，也贏得了唐玄宗李隆基對他的另眼相看。開元二十九年間，唐玄宗任命他為營州都督；西元七四二年，安祿山又被唐玄宗任命為平盧節度使；天寶三年，又任命他為范陽節度使、河北採訪使二職；天寶十年，被任命為兼河東節度使，將河北、遼寧西部和山西一帶的軍權盡數掌握在手中，同時也掌握著民政和財政大權。

　　安祿山之所以這麼快便擁有了很大的權勢，主要是因為安祿山比較狡猾，比較擅長結交權貴之人，擅用諂媚之術，獲得了唐玄宗和楊

貴妃等人的寵愛和信任，甚至做了唐玄宗李隆基的寵妃楊貴妃的養子，於是，只要是他進宮，他都會先去拜見自己的養母楊貴妃。他的這種行為讓唐玄宗非常的奇怪，於是，他就問安祿山這樣做的原因，安祿山回答道：「我是一個藩人，按照我們自己的禮節，兒子們應該先去拜見自己的母親，隨後才會拜見自己的父親。」唐玄宗聽了之後，心中很是高興。

安祿山，長的是身寬體胖，歷史上對他的記載是：「腹垂過膝，重三百三十斤。」甚至誇張到，在他走路的時候，兩邊必須都得有人攙扶著，否則根本就移動不了步子。但是當他為唐玄宗和楊貴妃跳舞時，身姿卻又非常地靈巧和輕盈，與他平常的狀態不同。

當時，楊貴妃的哥哥楊國忠，曾經幾次向唐玄宗進言，說安祿山以後一定會起兵謀反的。於是，唐玄宗便派遣自己的使臣去察看，而這位使臣卻被安祿山重金收買，所以，唐玄宗聽到的都是對安祿山的讚美之詞。西元七五四年一月，也就是「安史之亂」的前一年，安祿山拜見唐玄宗的時候，對唐玄宗說道：「我原本只是一個小地方的胡人，是一個魯莽之人，更是個一字不識的人，而您對我卻如此的恩寵和信任，真是不知道以後該怎樣報答您，但是楊國忠卻一直想著要怎樣陷害我，對於這個事情，我也是十分的痛心。」唐玄宗聽了他的一番話，對他越來越器重，就連安祿山的幾個兒子，也都被唐玄宗冊封了官職。就這樣，安祿山用這種方式，騙得唐玄宗和楊貴妃的信任，一步步地走向權力的巔峰，把持了北方全部的兵力。

此外，當時的河北一帶所居住的民族混雜，情況十分複雜，但是安祿山對於當時的情況卻是瞭若指掌。河北邊境的一些小部落中，屬奚族和契丹族的勢力最為強大，時常會侵擾河北一帶，而安祿山運用武力打壓或者是欺詐的方法，將這兩個小部落的叛軍鎮壓，這讓唐玄宗心中對他更是信任，甚至還將他看作安邊的長城。

　　唐玄宗晚年時期，朝野上下，腐敗成風，兵力也日漸虛弱。安祿山對此進行了認真的分析和瞭解，又加上他和另一個權臣之間的不和，於是便策劃了一場政變，企圖推翻大唐。他培養了羅、奚、契丹等八千俘虜為假子，稱作是壯士，這八千人都是打仗奇才，勇猛無比；同時他還購進戰馬幾萬匹，到處打造兵器，將他手下的人都派遣到各地去經商聚財，用來準備以後起義用的軍資。西元七五五年，他精心挑選了三十二位藩將，組成了一個年輕的、戰鬥力很強的武力集團。

　　西元七五五年的十一月，安祿山做好了充分的準備，帶著自己的士兵在范陽起兵，以討伐楊國忠的名義，發動了這場叛亂，將洛陽攻陷，史稱「安史之亂」。西元七五六年的正月，安祿山在洛陽自立為王，稱大燕皇帝，建號為聖武。同年的六月，安祿山又派遣軍隊攻佔了長安，唐玄宗帶著楊貴妃逃走。從此以後，大唐由昌盛走向了沒落。這場戰亂，歷經了八年才得以結束。

　　安祿山在洛陽稱帝以後，安祿山的幾個兒子心中也都是很有野心，對於他的王位都蠢蠢欲動，企圖找準時機，取而代之。安祿山的身體十分肥胖，哪怕是繫個褲帶，都要有專門的人抬起他的肚子，才可以繫上。那個時候，安祿山也有了眼疾，到了後來，他的眼睛已經完全看不到東西。安祿山當時有一個寵妾段氏，便想將長子安慶緒廢掉，立段氏的兒子安慶恩為太子，這使得長子安慶緒惱羞成怒。到了西元七五七年一月，安慶緒決定將安祿山殺死，取而代之。於是，有一天下朝之後，安慶緒偷偷來到安祿山的帳外，此時的安祿山正在休息，安慶緒自己站在帳子外面，派自己的親信嚴莊和李豬兒拿著刀走進安祿山的大帳，對著安祿山那肥胖的肚子舉刀就砍。當時安祿山的兩隻眼睛已經看不見，而他的床頭也總是放著一把刀，便想伸手去拿，可是最終還是沒有夠著，最後落得一個腸流滿床，氣絕身亡的下

場，終年五十五歲。安祿山一生詭計多端，奸詐狡猾，最後卻死在了自己親生兒子的手上，真是可悲啊！

侍奉六主的宦官仇士良

　　仇士良與王守澄同為唐文宗在位時的宦官，由於穆宗和敬宗的寵幸，王守澄位居高位，唐文宗即位後，很不滿以王守澄為首的宦官們，他決定乘仇士良和王守澄兩人不和睦的時機，來打擊宦官的勢力。

　　西元八三四年，王守澄給唐文宗推薦了一個叫鄭注的醫生，把他患的中風給治好了，因此他很信任這位醫生。鄭注有個的朋友叫李訓，原來是進士，後來被流放，鄭注又將他推薦給文宗，被封了官。文宗就與他們倆討論除掉全部宦官的方法，先將王守澄封為左右神策觀軍容使兼職十二衛統軍，表面上是升職，其實真正的目的是為了將王守澄手中的兵權給奪了。之後又把左神策中尉的官位封給了仇士良，讓神策軍的軍權掌握在他的手中。在王守澄喪失了禁軍兵權後，沒過多久就被宮中派來的使者毒死在家裡。

　　唐文宗以及鄭注和李訓在除掉王守澄後，想趁機把作威作福的宦官一掃而光。但李訓、鄭注二人貌合神離，當鄭注提前去鳳翔做準備的時候，而李訓卻與宰相舒元輿一起謀劃將之前定好的計劃給改了。

　　西元八三五年十一月的一天，在上朝的時候，大臣們參拜皇上後，守衛左金吾衛的大將軍韓約奏報：「昨天晚上，有一棵長在左金吾衛中的石榴樹突然降下甘露。」李訓和舒元輿率領大臣們向皇上賀喜，認為這是國家的好兆頭，文宗就帶著文武百官來到左金吾衛邊上的含元殿，先讓李訓去看看這事是不是真的。他看完回來後，沒有說是不是真有其事，而是建議讓仇士良等宦官們再去仔細查看。

　　李訓之前就讓幾百名將士在左金吾衛的院裡埋伏著，韓約領著仇

士良等太監去左金吾衛的時候，因為他太緊張了，露出了馬腳衛引起仇士良的懷疑，之後又讓其發現了埋伏的將士，仇士良大聲喊道，讓太監們都返回原處，有太監趁機將皇上塞進轎子給劫走了。到了宣政殿，仇士良立刻將神策軍召來守衛。李訓這次真的是賠了夫人又折兵啊，沒將仇士良等人殺掉，還讓皇上落到他們手中，至此朝中大權完全被仇士良掌控。歷史上有名的「甘露之變」就這樣發生了。

「甘露之變」失敗後，仇士良成了掌權者，他經常無理的對待參與了這次政變的文宗，對此文宗也拿他沒有辦法。他還以搜捕盜賊的名義命令左右神策副使率領軍隊，濫殺金吾衛士兵，無數人都被其殺死，可以說是「橫屍流血，狼藉塗地」。便裝單騎出逃的宰相舒元輿也被禁兵追擒，被屈打成招的七十歲宰相王涯，全家人都被冤枉入獄。經過宦官的濫殺和不法分子的搶劫之後，京師死者狼藉，一段時間內真個「皇城腥風血雨，人心惶惶」。

在上朝的時候，文宗看了文武百官中有很多人不在，就問：「宰相舒元輿和王涯怎麼沒來上朝？」仇士良奏報說：「王涯謀反。」然後將招認書呈上，文帝不信，就讓左僕射令狐楚確認是不是王涯的筆跡，他看完後說「是」。後來令狐楚卻密奏皇上，勸其不要相信王涯謀反的事。被仇士良知道後，就開始排擠他了。

逃跑的李訓也被抓斬首。幾天後，仇士良命令百官觀看斬殺王涯、賈餘等人及其家人，不管男女老少都被斬殺殆盡，後來又將韓約、鄭注給殺了。自此，仇士良等人都不同程度的升官，天下被北司掌控，宰相的官職只是個形式而已。

因「甘露之變」兩個宰相被殺後，就把鄭覃、李石封為宰相，仇士良總是斥責兩相，事事壓制二人，導致朝綱混亂。因李石常常跟他對著幹，以圖振興朝綱，於是他對李石痛恨到極點，謀劃將其暗殺。

西元八三八年一月，在騎馬上朝的路上，李石被刺客射殺，馬受

到驚嚇後將他馱回府，沒想到的是，在家門口也有刺客埋伏，刺客揮刀來砍他，卻將馬尾砍斷了，因此讓李石逃過一命。文宗知道此事後大驚，派人去保護他，並下令追捕刺客，卻沒有結果。大臣們都很懼怕，有的人甚至不敢去上朝。李石為了避免殺身之禍，上表請求將相位辭去，文宗沒有辦法，只好讓他掛相銜出任荊南節度使。自此，仇士良的人在朝廷中橫行霸道時，再也沒人敢當面得罪了。

西元八四〇年，文帝因病去世，他下詔讓其侄子敬宗繼承皇位，因為敬宗不是仇士良立的，他就將敬宗殺了，將文宗的弟弟李炎立為皇帝，即唐武宗，將年號改為會昌。仇士良就更加任意橫行了，他認為武帝的位子是他給的，竟開始瞎指揮武宗了，他誅殺或貶職所有武宗寵信的人。武宗是個意志堅毅，行事果斷的人，高興和惱怒都不表現在臉色上，他採取「內實嫌之，陽示尊寵」的方法來對付仇士良，並封李德裕為丞相來排擠斥逐他。

對於武宗排斥、疏離他的事情，仇士良是感覺到了的，於是就謀劃詭計鼓動禁軍鬧事將李德裕擠走，以便將自己的相位奪回。

西元八四二年十月，仇士良鼓動禁軍哄鬧造反，圍攻李德裕頒佈文告減少禁軍開支用度的事，想乘機將其剷除。李德裕知道這是他的陰謀詭計，就急速求見武宗，武宗聽完後十分生氣，馬上派人對禁軍宣旨：「赦令自朕意，宰相何豫？爾渠敢是？」將糾紛和亂子給擺平了，沒讓其達到目的，從此以後，仇士良知道自己罪惡累累，開始坐立不安。沒過多久武宗就將他貶為內侍監，知省事。

西元八四三年，仇士良向皇上請求告老還鄉，當太監們去給他送行的時候，他還不忘向其黨羽們講解駕馭皇帝的方法：「千萬不能讓他讀書，不要讓他跟文人接觸，否則他就會知道前朝的興亡，心存憂慮和恐懼，就會疏遠我輩了。也不能讓他閒著，而是讓他沉溺於宴樂中，沒工夫處理政務，然後我輩才能得志。」

　　武宗沒有輕易饒過他，第二年，就抄了他的家，將他的官爵削除，只留了他一條命。沒過多久，一代巨奸仇士良，就得病死了。

褒貶不一的「吳越國王」錢鏐

錢鏐在年輕的時候，性格非常剛烈強直，並且生性喜武，爭強好勝，對於自己的喜歡做的事情為所欲為，從來不計後果。常常以泄私憤，報恩怨作為自己的日常事務。唐僖宗的時候，錢鏐就投軍當兵了，並且在潛鎮將董昌的軍中任部校。當時，天下已經大亂，黃巢率領的農民起義軍已經開始進攻嶺南，而江淮地區的盜賊也風起雲湧，連年征戰使得當時的唐朝民不聊生。

董昌為了平叛當時的叛亂，舉旗徵集軍隊，馳騁於杭州和越州之間進行對叛軍的討伐。在杭州的八個縣中，董昌計劃在每縣招募一千多人，希望可以組成「一都」，這樣分別從八個縣聚集的部眾，被號稱是「杭州八都」。在當時，劉漢宏自稱節度使，佔據越州一帶，一直在攻取鄰郡；潤州自稱留侯的薛朗一直在對當時的節度使周寶進行驅逐。唐僖宗則留在蜀地，他命令董昌對這些叛亂的軍隊全力進行討伐。董昌接到命令後，立即安排錢鏐處理日常的軍政事務，自己則率領八都招來的將士進攻越州，爭取誅殺劉漢宏。然後再回來攻打潤州，去擒獲薛朗。等到把江浙地區平定了，朝廷封董昌為浙東節度使和越州刺史。而董昌也上書皇上為錢鏐邀功，後來錢鏐也被封賞為杭州刺史。

到了唐昭宗景福初年的時候，李鋋被朝廷任命為浙江西道鎮海軍節度使。但是當時，孫儒和楊行還是秘密割據地方在東南地區叛亂了，一時間戰火狼煙又燃了起來。後來朝廷派錢鏐率領大部分軍隊在邊地駐守，此時的孫儒已經佔據了宣州一帶，但是他迫於錢鏐的威懾，遲遲不敢侵犯江浙地區。從此，錢鏐的威名更是盡人皆知了。

　　但是很長一段時間過去了，接受朝廷冊封的節度使李鋋還沒有到任，這時候朝廷便任命錢鏐做了鎮海軍節度使，然後又將潤州的治所改移到了杭州，潤州的軍隊由錢鏐進行統一掌管。在越州朝廷設立了威勝軍，董昌作為了該地的節度使。後來董昌叛變，他在越州自稱為羅平國王，制定年號為大聖，並且他招降錢鏐，想任命錢鏐為兩浙都將。但是錢鏐拒絕了他的受封，並且將董昌在這裡的所作所為如實向朝廷彙報了，唐昭宗立即任命他帶兵討伐董昌。

　　乾寧四年，也就是說西元八九七年，錢鏐率領著跟隨自己的浙西將士攻破了越州，擒獲了董昌並且把他押回了京城，獻給了朝廷。唐昭宗為了嘉獎錢鏐，賜予他鐵券，並且任命當時的宰相王溥作為了威勝軍節度使。後來因朝廷無力控制兩浙地區，於是有人上表奏請朝廷讓錢鏐統領杭、越二州，皇上同意了，封錢鏐為威勝軍鎮東，讓他管轄鎮海和鎮東兩地。一時間錢鏐統領兩鎮，擁有三萬精兵，軍強勢壯，兵權在握，並且又遠離京城，致使他在江浙一帶能夠獨霸一方。

　　當時的楊行密連年對蘇州、湖州（今浙江湖州）、潤州三地進行攻打，並且意圖能夠兼併兩浙，但是屢次進犯都沒有成功，被錢鏐擊敗了。後來楊行密改為侵奪州郡，而錢鏐依仗當時的勢力，只能控制好十三個州，所以此時，楊行密連奪數州。不僅如此，在唐昭宗天夏初年的時候，錢鏐手下的大將許再思等人也發動了叛亂，他聯合宣州節度使田頵一起出兵襲擊杭州。正當敵軍進攻到杭州城下的時候，錢鏐激勵跟隨自己的將士，將士們受到了鼓舞，士氣大增，僅一次對敵軍的出擊，就將他們擊敗了，田頵趁亂逃走。

　　錢鏐因為屢立戰功，深受朝廷重用，不免有些驕奢淫逸。他在臨安的老家興造府第，其雄壯程度無以言表，極其富麗堂皇。每年回鄉探親居住的時候，都會擺出很雄偉的儀仗隊為自己開道。他的這種做法使得他的父親錢寬每次都對他躲避不見。後來錢鏐問他為什麼這樣

做，他父親告訴他，眼下的情形，錢鏐身為十三州的主人，已經三面受敵，但是他這樣招搖過市，與人爭利，恐怕將來會惹出禍端，殃及全家，所以才狠心不見他。錢鏐聽了父親的話從此做事小心謹慎，不再囂張跋扈。後來，他又歷任為太師、中書令、本郡王，並且還賞賜了他二萬戶的食邑。

開平元年的時候，朱溫稱帝，朝廷授任錢鏐為尚父、吳越國王的官職。再後來，梁末朱友貞即位做了皇帝，又繼續給他加封，讓他繼任為諸道兵馬元帥。

同光初年，後唐李存勖做了皇帝後，依次讓錢鏐歷任天下兵馬都元帥、尚父、尚書令，封吳越國王這些官職，並且賜給了他玉冊、金印等御用之物。初步建立後唐朝廷的時候，錢鏐帶著厚重的禮物去向皇帝進貢，並且請求成為國主，但是當時朝中的大臣認為玉筒金字，都只能是御用之物，是皇帝的專用物品，錢鏐作為朝廷的臣子，不應該接受這樣的賞賜。但是樞密使是一個奸偽狡詐的小人，他為了討好錢鏐，屢次在皇上面前為他說情，最終朝廷同意封他為「國主」，並且還准許他有封賞的權力。

錢鏐接到這樣的詔書後，便將他原來鎮海、鎮東兩個節度使的官職全部授予了他的兒子錢元瓘，加封自己吳越國王。並且改稱自己居住的地方為宮殿，自己辦公的地方也叫朝廷，他的部下也都稱為臣，並且按照國家的形式向自己的部下進行官位的授予。設百官之職，唯一沒有變的就是仍然使用了後唐同光的年號。他還對周邊的一些地區進行了封賞，賜爵於新羅也就是今天的朝鮮慶州、渤海，今天的黑龍江省寧安縣，以及沿海的各個部落首領，這使得他逐漸將自己管轄的範圍分離出去，成為獨立的朝廷。

後唐的明宗李嗣源即位以後，在朝廷中真正掌握實權的人是安重誨，錢鏐曾經寫過一封書信給他，新的開頭直接用了為「吳越國王謹

致書於某官執事」，根本沒有謙遜寒暄的意思。這讓安重誨感覺到他的無禮，非常生氣，並且對此事一直懷恨在心，後來朝廷派遣供奉官烏昭遇去兩浙地區出使，當他見到錢鏐的時候，卻對錢鏐自稱臣下，而且還對他行了參拜之禮。回到京城以後，副使韓玫就上書將烏昭遇在江浙地區的言行向朝廷詳細地報告了。安重誨對於這件事非常地氣憤，他下令削奪錢鏐的元帥、尚書、國王等封號，並且命令他以太師的身份辭官退休。又過了一段時間以後，錢鏐的兒子錢元瓘就上書朝廷，請求恢復他父親的官爵。當時，江淮地區也不斷發生叛亂，明宗李嗣源也曾經懷疑過錢氏父子心懷不軌，意圖謀反，於是就派人對他們進行盤問。但是錢元瓘立即派人向皇上進貢了大批的奇珍異寶和財物，並且竭盡全力表達自己對朝廷的忠心，請求朝廷能夠恢復他父親的官職。

　　錢鏐在杭州鎮守了將近四十年，每天都過著豪華鋪張的生活，其奢華程度沒有人能比得上。而且錢塘江的潮汐景象威猛壯觀，每次潮汐就好像要吞沒這座城市。於是錢鏐就命令人開始大興土木，在江邊修造各種各樣的樓堂館舍。還將周邊的三十里的範圍化為自己的管轄範圍，大量進行雕刻建築的建造。一時間杭州城內繁榮興盛，成為江南的旅遊勝地，也一度成為最為繁華的地帶。

　　錢鏐年輕時候的剛烈、暴躁的性情讓很多人都對他產生畏懼。早年間，在他還追隨董昌時，有一次有一個書生去拜見董昌，當時他的名片已經被遞給了董昌，當這個書生見到錢鏐以後，看他是個粗人，對他表現得不是很恭敬。於是錢鏐對他非常生氣，立即命人將他投入到了江中。當董昌要召見這個書生時，錢鏐回答說這個人已經自己離開了。還有一次，在他晉升為元帥後，有人去給他獻詩，在詩中寫到了一句「一條江水檻前流」，聽了這句詩，錢鏐立即表現出不悅，他認為這個人利用詩句諷刺自己，立即命人將這首詩的作者殺掉了。直

到晚年，錢鏐的性格才有所改變，變得能夠禮賢下士，虛心請教，並且對自己的公事也開始留心處理了。到了晚年，據說江東有個文人名字叫羅隱，他詩名遠揚，成為人人讚頌的才華過人的史書文人，他依附於錢鏐做了他的參佐。羅隱喜歡做事，愛譏諷，有時會不小心在作詩的時候觸及到錢鏐，但這時候的錢鏐也只是微微一笑，並沒有早年怒氣衝天的表現。

後唐長興三年三月二十八日，錢鏐因病去世，當時他八十一歲。後來朝廷下詔按照安葬王的禮數對他進行安葬，並且還賜給了他神道碑，「武肅」為他的諡號。

錢鏐是正宗的農民階級出身，他沒有受過詩書禮儀教化，但是，他對自己的國家還是忠誠的，對於「忠義」二字他也銘記在心，當董昌叛變，自立為王的時候，以高官厚祿對他進行誘惑，他也沒有動搖，而是接受國家的命令平定叛亂。但他的思想畢竟存在著狹隘的一方面，在他為國家立下了赫赫戰功的時候，他不會覺得後來自己的奢華是一種浪費，因為在他看來，這是他的功勞所得。所以，錢鏐是率真的，他不會做作，對於自己認為能做的他會盡力去做，他認為自己應得的，他也會盡力去享受，這就是錢鏐。

名師大家——矢志不渝成典範

「藥王」孫思邈

　　孫思邈，出生在北周大象三年，死的時候已經是唐朝永淳元年，所以說他活到了大約一百零二歲。

　　孫思邈幼年體弱多病，所以他從十八歲起就立志要學習醫術，二十歲的時候就能夠為鄉鄰治病。他對故典醫學研究深刻，非常重視對民間偏方的驗證，他一生都致力於醫學的臨床研究，對醫學各科都有研究，例如內、外、婦、兒、五官、針灸等，他在中國醫藥學史上開創了大約二十四項成果，特別他論述的醫德思想，並且宣導重視婦科、兒科、針灸穴位等思想都是前人沒有提出過的理論。他的一生都致力於對藥物研究發現上，他曾經到過峨眉山、終南山、下江州等地，並且一度隱居太白山，致力於一邊行醫救人，一邊進行中藥的採集，並且進行臨床試驗。

　　孫思邈是一個醫德高尚的人。他始終認為，作為一個醫生的第一職責就是解除病人的痛苦，對於其它的自己則可以沒有過多的欲望。在對待病人方面則主張應該一視同仁，不能有貧賤富貴和等級的區別，不應該把病人分為三六九等。對於這些思想，他一般會嚴格要求自己身體力行，從來不慕名利。他用自己的實際行動和畢生的精力為後世人做出了崇高醫德的榜樣，同時也成為中國醫德思想的創始人，因此西方國家的醫學家們尊敬地稱他為「醫學論之父」，並且把他列為與希波克拉底齊名的世界三大醫德名人之一，為中國古代的醫學發展做出了巨大貢獻，也當之無愧地成為中國著名的科學家和思想家。孫思邈一生都不追名逐利，他厭倦世俗的名利之爭，周宣帝在位時，曾經下詔封他為國子博士，唐太宗也曾經想要授予他官位，到了唐高

宗的時候，又請他進宮做諫議大夫，但是，他都固執地婉言拒絕了，將畢生的精力都放在了醫學之上。

孫思邈的一生不僅致力於治病救人，他還勤於著書，將自己對醫學的研究記錄下來，供後世的人學習。他晚年隱居在京兆華原的五臺山，俗稱藥王山，在那裡他專心立著，一直到了白首之年的時候，他都沒有放棄過。他一生寫了八十多種書，其中影響最大的就是《千金藥方》和《千金翼方》，兩部醫學巨著共有六十卷，其中收錄藥方六千五百劑。今天大家所熟知的《千金方》就是《千金藥方》和《千金翼方》的合稱，它主要系統地總結了唐代以前的醫藥學成就，被譽為中國最早的一部具有臨床醫學經驗的百科全書，對後世醫學的發展做出了重大的貢獻。

孫思邈作為中國古代的醫學大家，是繼張仲景之後中國第一個系統研究中國醫藥學的先驅，在世界醫學的發展史上他就像是一顆璀璨奪目的明珠熠熠生輝，為中外醫學史的發展立下了不可磨滅的功勳，千餘年來因為他不朽的醫學功績受到後世人們的高度評價和崇拜。唐太宗李世民曾經這樣贊孫思邈，說他是「鑿開徑路，名魁大醫。羽翼三聖，調合四時。降龍伏虎，拯衰救危。巍巍堂堂，百代之師」。宋徽宗也曾經稱讚他為 「妙應真人」，後世人鑒於他的醫學成就，也都尊稱他為「藥王」。直到現在，中國的許多地方還存在古時用來紀念孫思邈的祠堂。

孫思邈以他的精神感動著後世子孫，他不僅為今天的醫學發展做出了卓越的貢獻，而且也為今天的醫學工作者做出了榜樣。是的，生命是不分等級的，每個人的生命都有他存在的價值，而且也有他存在的意義。當他們面臨痛苦的時候，不應該對任何人產生歧視，救死扶傷本身就是作為一名醫生的職責。可是這樣的理論在孫思邈所處的那個等級制度森嚴的年代，已經是非常超前的意識了。但是孫思邈做到

了，他不僅留下了眾多的醫學巨著，而且以其高尚的醫德和身體力行的奉獻精神為後世的醫學論奠定了理論基礎。

苦命的書法家褚遂良

　　褚遂良的家世也是屬於名門貴族。他生於西元五九六年，是浙江錢塘人。褚遂良的父親褚亮在當時也是一個非常厲害的人物，在秦王李世民時期任職散騎常侍，與虞世南、歐陽詢等人是很要好的朋友。

　　隋朝末年，各地硝煙四起，秦王李淵帶領著自己的軍隊攻打隋朝，隨後隋朝滅亡，在古老中國的這片土地上出現了一個強大的王朝──唐朝。唐朝建立的時候，褚遂良還在甘肅，其父褚亮當時是隋朝的東宮學士。

　　後來，薛舉在蘭州稱帝，褚遂良的父親褚亮擔任黃門侍郎一職，而褚遂良則是薛舉的通事舍人，下達皇上的命令和呈遞奏章。

　　唐朝剛剛建立後，薛舉便帶著自己的軍隊對唐朝挑釁。他舉兵將甘肅的大部分地區攻陷，隨後還妄想攻陷長安。可是，沒想到，在他進攻長安的過程中，突然發病而死，隨後由他的兒子薛仁杲登基。西元六一八年的十一月，李世民率軍包圍了薛仁杲所在的營地。將薛舉的將士全部俘虜，而薛仁杲也只好投降。接著，李世民收納這些俘虜為自己的兵力，而薛仁杲則是被押往長安。褚遂良便是這樣加入了李家王朝，也是他政治生涯的開端。

　　剛開始的時候，他擔任的是鎧曹參軍一職，掌管著重要的軍務。這也就表明了，秦王李世民十分欣賞褚遂良。之後，李世民曾經對長孫無忌說過：「褚遂良為人比較耿直，並且有真才實學，對朕也是表現出了極大的忠誠，如果飛鳥選擇良木而棲，理應更加憐愛。」

　　西元六二一年，秦王李世民戰無不勝，一時之間也是聲名遠播，唐高祖時將東部平原地帶全部交給李世民掌管，並且還特意恩賜他可

以在洛陽自己建立府邸——天策府。而李世民本身就是一個有著雄心大志的人，從他的俘虜中挑選出來一大批有能之士，組成了一個五十人左右的隨從集團。就在同一年，李世民建立了一個文學館，他的國事顧問竟然達到十八名。對於這十八名學士，李世民更是恩寵有加，以致在人們的心中，只要可以進文學館，那就是象徵著以後會榮華富貴，恩寵不斷。褚遂良的父親便是其中一個，主要是掌管文學方面。而褚遂良跟著自己的父親，在這樣濃重的文化氛圍中，他的學識也是日漸遞增。特別是書法方面，在自己父親好友歐陽詢與虞世南的精心教導下，在所有的學生中都是出類拔萃的，儘管褚遂良在他們面前只是一個小輩。但是，他的名氣卻不比他們差，而且，還有了一定的政治地位與社會名望。

西元六二六年六月，秦王李世民發動了「玄武門之變」，登上了太子之位。同年的八月，李世民登基為帝，史稱唐太宗，開啟了「貞觀之治」的繁盛年代。

西元六三八年，大書法家虞世南去世，因為唐太宗一直將他當作自己的哥哥，所以對於他的離去，唐太宗感到無比的悲痛。唐太宗李世明曾經感歎道：「虞世南離世了，恐怕這個世上將再沒有人能與我討論書法了！」魏徵看到唐太宗如此傷心，便找了一個合適的機會，將褚遂良舉薦給了李世民，唐太宗與他一見如故，當即封他為「侍書」。

唐太宗李世民曾經花費很多的時間和精力來廣泛收集王羲之的法帖，這就使很多人都爭先奉上王羲之的法帖以求得到賞賜。但是，對於這些獻上來的法帖，該怎麼樣才能知道他的真假呢？因為褚遂良比較熟悉王羲之的書法，所以對於法帖的真偽他也可以毫不費力氣的辨別出來，這也讓很多人不敢再給唐太宗進獻贗品來謀取利益。褚遂良的這個才能讓唐太宗好像看到了王羲之本人一樣，因此，唐太宗十分

的讚賞和信任褚遂良，於是，將他提升為諫議大夫，兼任知起居事。每當朝中大事的時候，唐太宗都會詢問褚遂良的意見。而褚遂良在治國方面也確實有很好的遠見卓識。

西元六四九年，唐太宗病重在床，到了彌留之際，唐太宗傳來了長孫無忌和褚遂良，對他們二人說：「你們全都是忠臣良將，都對大唐忠心耿耿，朕的心中也是十分信任。當日漢武帝將王朝託付給了霍光，而劉備則是將基業託付給了諸葛，朕的王朝，則是要託付給二位愛卿了。太子是一個仁孝之人，你們對他也都瞭解，必須要盡力輔佐我大唐江山，永葆我李家基業。」隨後他又對太子李治說道：「有長孫無忌和遂良在，朝政上的大事，你就可以不用擔心了。」於是便命令褚遂良開始起草詔書。八年之後，已經被貶的褚遂良在給唐高宗的信中曾經寫道：「當年受到先皇遺詔，只有臣與長孫無忌大人在，皇上才將悲痛表現出來，臣在先帝面前奏請讓你繼位登基。當時皇上雙手抱著老臣的脖子，臣和長孫及無忌立即返回京城，將這個消息公之於眾，朝野上下都比較安靜，沒有引起大的動亂。」

貞觀二十三年的六月，李治登基為帝，當時僅僅二十一歲，史稱唐高宗。唐高宗登基後，將褚遂良封為河南縣公；第二年，又升褚遂良為河南郡公。其實，唐高宗李治並不太喜歡這個唐太宗給他定下的託孤大臣，所以後來才找了一個原因，將他貶出了京城，做了同州刺史，而他的中書令的位置也被人代替。過了三年之後，唐高宗李治又把他從外地召回，封為吏部尚書，同時還擔任著修撰國史的任務，又提升為光祿大夫，還是太子的賓客。西元六五三年，又被唐高宗提升為尚書右僕射，手中握著朝政大權，這也是褚遂良政權生涯中的巔峰。

西元六四〇年左右，年僅十幾歲的武曌被唐太宗冊封為「才人」，屬於第五等妃嬪。武才人不僅美貌無雙，才情更是出眾，深得

唐太宗的喜歡，可是，武才人卻和當時的太子李治之間產生了感情。唐太宗駕崩後，西元六五四年，唐高宗將已經削髮為尼的武才人接回宮中，封她做了「昭儀」，一時之間桂冠後宮，也得到了一些朝中大臣的支持和認可。

西元六五五年，唐高宗想要廢除王皇后，改立武昭儀為皇后，這個決定遭到了褚遂良和長孫無忌的強烈反對。褚遂良不顧皇帝的顏面，說的一番話給皇帝潑了很多的冷水，再加上他那不要命的態度——將自己的官帽摘下，不斷地磕頭，以至於血流滿面，這讓唐高宗十分憤怒，命人將褚遂良拉了下去。而當時坐在一邊的武昭儀心中對褚遂良恨得咬牙切齒，恨不得立刻將他除去。就在這僵持不堪的局面下，一貫擅長逢迎的李出來說了一句話：「這件事情本來就是皇上的家事，根本無須外人過問。」就這樣，立武則天為皇后的決定，不僅將褚遂良等忠臣打入了萬丈深淵，而且徹底改變了盛唐的命運。

這場鬥爭，是中國歷史上很著名的後宮參政的鬥爭，在中國歷史上有著很深遠的影響。李唐王朝從唐太宗時開始就與當時中國西北地方的一些大家族有著聯姻關係，這些西北大家族自從西魏之後政治影響日益擴大而成為「關隴集團」。而當時在朝中支持武則天的這些大臣們，卻來自於其它的地區，他們有的是商人，有的則是經過科舉制度而進入官場，他們則是屬於「山東集團」的成員。就這樣，看似簡單的後宮爭鬥，其實也是代表著兩大權勢集團之間的政治鬥爭。最後的結果便是支持武則天的「山東集團」勝出。西元六五五年十月，武則天被唐高宗冊封為皇后，武則天繼任之後，便將褚遂良貶出朝廷，任命他為潭州都督。西元六五七年的春天，武則天將褚遂良調離京師，貶他去很遙遠的廣西任職都督。而後，武則天又聯合其它大臣，向唐高宗誣告褚遂良有謀反之心，於是褚遂良再次被貶。

褚遂良到了晚年的時候，又面臨了一次被貶。這一次則是去了更

遠的地方，那就是已經遠離中國本土的河內西南一帶。面對這樣的遭遇，褚遂良感到非常的悲哀和絕望，於是他又寫了一封信上書給唐高宗，信中寫了許多他為唐高宗和唐太宗盡忠盡職，鞍前馬後的功勞，但是卻並沒有引起唐高宗的重視，並沒有起到實際意義上的效果。

西元六五九年，褚遂良死在了自己被流放的途中，終年六十三歲。武則天也開始了對他的大掃蕩，在他離世的兩年中，武則天不僅將他的官職削去，而且還將褚遂良的子孫後代貶去其它的地方。這種命運一直持續了四十六年，到了西元七〇五年，褚遂良的冤屈才得以昭雪。西元七四七年，褚遂良作為大唐的一代功臣，被在唐高宗廟裡祭祀。西元七八九年，唐德宗下令，將褚遂良等一批功臣良將畫在了淩煙閣上，這也就代表著大唐的皇帝承認了褚遂良所立下的汗馬功勞，代表著褚遂良這個忠臣將永垂史冊。

歷盡艱辛得真經的玄奘

　　早年玄奘的長兄在洛陽的淨土寺出家，取法號為長捷。少時玄奘因家境困難，就跟隨長兄長捷法師住在了淨土寺，並且跟他一起學習了五年的佛經。他勤奮好學，僅在他十一歲的時候就熟讀了《妙法蓮華經》、《維摩詰經》等；在這期間，他又研習了小乘和大乘佛教。後來在他十三歲的時候洛陽度僧，他被破格選為僧人。在後來他就在寺中開始聽景法師講解《涅槃》，跟從嚴法師學習《攝論》。經過一段時間的學習他提升為復述，並且隨佛經可以進行詳細地分析與講解，他也因此博得了大眾的欽敬。

　　在武德七年的時候，他離開成都，沿江東下去參考學習傳授經法。他先到達了荊州的天皇寺。開始講解《攝論》、《雜心》，使得淮海一帶的名僧都趕來聽講。在這講完以後，他又繼續前行，趕往趙州學習研究了《成實論》，後又到達揚州聽惠休大師講解了《雜心》、《攝論》，並且吸收了他的精華，對自己的見解加以完善。貞觀元年的時候，玄奘再一次來到長安學習外國語言和佛學。在此期間，他拜訪了當地有名的佛教大師，先後從慧休、道深、道岳、法常、僧辯、玄會等大師那裡學習了《攝大乘論》、《雜阿毗曇心論》、《成實論》、《俱舍論》以及《大般涅槃經》等經論，使他對於佛經的見解又有了更高的提升。

　　但是他也因此感到困惑，因為每個人對佛經都有自己的見解，而且也都有自己的道理，各派學說紛紜，使得他很難得出誰對誰錯的定論。於是，他便下定決心去天竺學習佛教。

　　在貞觀元年的時候，玄奘與陳表結伴，請求唐朝皇帝能夠允許他

們西行求法。但是在當時並沒有獲得唐太宗的批准。然而玄奘決心已定，決定冒著違反國家法律的風險，私自去天竺。於是，他便從長安的神邑出發了。

貞觀二年正月，玄奘到達了高昌的王城，也就是今天的新疆吐魯番縣境，在那裡他受到了高昌王麴文泰的禮遇，並且與他結為了兄弟。後來他又途經龜茲、淩山、素葉城、迦畢試國、赤建國、颯秣建國、蔥嶺、鐵門等地，到達了貨羅國故地。後來他又開始向南行進，經過了縛喝國、揭職國、大雪山、梵衍那國、犍雙羅國、烏伏那國等，最終到達看迦濕彌羅國。在此地學習《俱舍論》、《順正理論》及因明、聲明等，並且向毗戌陀僧訶、僧蘇伽蜜多羅、婆蘇蜜多羅、蘇利耶提婆、辰那羅多等佛學大師索要了手抄本的佛學經典，前後共經歷了兩年的時間。

當他到達磔迦國的時候，也就是今天的巴基斯坦旁遮普，他跟隨一名為羅門的老婆婆學習《經百論》、《廣百論》；到了那僕底國，今天的印度北部之菲羅茲布林地方時，他跟隨毗膩多鉢臘婆學習了《對法論》和《顯宗論》等等。他每到達一個地方，一定會跟當地有名的大師學習佛教的經典。一直到貞觀五年時，玄奘才歷盡艱辛抵達了摩揭陀國的那爛陀寺，並且跟著戒賢學習。

玄奘在那爛陀寺待了整整五年，在那裡他受到了隆重的禮遇，還被選為了通曉三藏的十名高僧之一，三藏也就是當時的五十部經書。他前後聽戒賢大師講解了《瑜伽師地論》、《順正理論》及《顯揚聖教論》、《對法論》、《集量論》、《中論》、《百論》以及因明、聲明等佛學經典，在此期間，他又自己學習了各種婆羅門書。

貞觀十年的時候，他離開了那爛陀寺，先後又到達了伊爛鉢伐多國、薩羅國、安達羅國、馱那羯磔迦國、達羅毗荼國、狼揭羅國、鉢伐多國等地，每到達一個地方，就會在該地訪師參學。他在鉢伐多國

停留了兩年，悉心對《正量部根本阿毗達磨論》及《攝正法論》、《成實論》等進行研習，然後又重新返回那爛陀寺進行整理。不久，他再次離開，到達低羅擇迦寺和那裡的般若跋陀羅大師一起探討有關三藏及因明、聲明等佛學經典，後又到杖林山拜訪了勝軍，對唯識抉擇、意義理、成無畏、無住涅槃、十二因緣、莊嚴經等論說進行研習，並且互相切磋質疑。兩年之後，他再次返回了那爛陀寺。這時候，戒賢叮囑玄奘要向那爛陀寺的僧侶講解傳授《攝論》、《唯識抉擇論》等佛學經典。這時候正好趕上中觀清辨的大師子光也在那裡對《中論》和《百論》進行講解，他本身就比較反對法相唯識的學說。正好兩個人之間形成了對立。於是，玄奘為了調和大乘中觀、瑜伽兩派的學說，就編著了《會宗論》三千頌。同時還參與了與正量部學者般若多的辯論，並為此又編著了《制惡見論》一千六百頌。此後，他應東印迦摩縷波國國王鳩摩羅什的邀請去該地講經說法，後來他又根據自己的理解編著了《三身論》。

接著他與戒日王進行了會面，並且得到了該國的優厚禮遇。戒日王決定在曲女城召開一次佛學的辯論大會，並且讓玄奘作為這次辯論大會的會主。這個消息一時間聚集了五印十八個國王、三千個大小乘佛教學者和外道兩千人。當時玄奘在講解論說的時候，任憑別人對他怎麼進行發問，但是卻沒有一個人能夠難住他。經過這一次的論證，也讓他名震五印，被大乘尊敬地稱之為「大乘天」，也被小乘尊為「解脫天」。後來，戒日王又堅決邀請玄奘去參加本國五年一度的無遮大會，歷時七十五天。在會後玄奘就帶著自己取得的佛家經典回了唐朝。回國之後，他將自己帶回的佛學經典進行了廣泛的講解和傳授，受到了唐朝皇帝的熱情接待。

從玄奘翻譯並傳播的佛學經典來看，當時印度那爛陀寺等地方的佛學，已經被分為了因明、對法、戒律、中觀和瑜伽等五科。他又根

據自己的理解,對於因明科,他譯出了《理門》和《入正理論》,為後來的佛家邏輯規範奠定了論議基礎上。對於對法科,他也經過自己的研習和努力,將幾部比較經典的著作原原本本地傳譯到了本土;不僅如此,他在翻譯的同時還加入了自己的思想和研習成果,顯示出了自己對法經的理解與瑜伽論的不同之處,同時又指示出了大小對法互相通融的途徑。對於戒律科,他翻譯並傳播了大乘唯一的著作《瑜伽菩薩戒》,並且也編著出自己的《受戒羯磨》,以此作為僧人日後行事的規範。對於中觀科,他特別翻譯出了護法的《廣百論釋》,並且將瑜伽系思想融會其中。而對於瑜伽科,玄奘則翻譯了多部經典著作。他所翻譯並編著的這些著作可以說都是當時那爛陀寺最為繁盛時期傳承下來的佛學精華,而這些經典也基本上都由玄奘翻譯帶回了大唐。

當他帶著大量佛家經典回到大唐時,唐太宗親自撰寫了一篇長七百八十一字的〈大唐三藏聖教序〉來嘉獎他為中國的佛教的發展所作的貢獻,文中稱讚玄奘是「松風水月,未足比其清華;仙露明珠,詎能方其朗潤」。如此華美的句子,足以顯示出唐太宗對玄奘的肯定。後來,當玄奘病危的消息被唐高宗知道後,高宗立即派出了多名御醫前往救治。唐高宗麟德元年,玄奘在長安的玉華宮圓寂,死後葬於白鹿原。玄奘逝世後,唐高宗悲痛傷感,並且因此而罷朝,口中還反覆叨念著「朕失國寶矣」。

玄奘的一生是輝煌的,他在求取真經的途中歷經艱辛,憑著自己頑強的意志最終實現了自己的夢想。他對於佛學的苦心研究讓他登上了佛學高峰的頂端,為中國古老的傳統文化增添了光輝的一頁,他也因此贏得了世人的敬仰。

「畫聖」吳道子

　　吳道子自幼失去雙親，過著孤苦窮困無依無靠的生活。為了能夠學習生存的技術，剛開始跟著書法大家賀知章、張旭學習書法，但是學無所成，於是就改為跟著民間畫師當學徒，開始發憤苦學繪畫的技術，並漸漸領悟了繪畫的妙法。

　　在吳道子所處的時代，宗教壁畫非常盛行，在民間以畫壁畫為生的畫工很多，這對聰明伶俐的吳道子來說，是一個非常有利的條件。因為他的勤奮刻苦，很年輕就獲得了「得丹青之妙」的好評，畫技達到了一個很高的境界。

　　吳道子是一個有遠大志向的人，因此他並不滿足於只是做一名民間職業畫師。雖然他想要在繪畫方面有自己的成就，但是首先他要養活自己。於是在他十九歲的時候，他為了生存屈身在逍遙公韋嗣立的手下做一名小官，後來又曾經擔任瑕丘縣的縣尉。但是他卻不喜歡官場的庸俗腐敗，仍然保持著自己生性灑脫自然的生活作風。他嗜酒如命，尤其是在作畫之前，是一定得要暢快淋漓的大喝一場的。大約在開元初年，吳道子不再入仕做官，而是開始在繁華的洛陽一帶過著流浪生活，以為別人作畫為生。當時，由於皇帝對道教、佛教的推崇，因此修建寺院道觀的風氣盛極一時，自然宗教壁畫也是風采各異，吳道子在洛陽流浪的日子裡，一邊仔細揣摩大藝術家的成就和寺廟殿堂中的優美壁畫，一邊專心致志為寺院道觀畫壁畫。由於他的天分和勤奮，他的畫技很快就得到了提高，並且名氣也日漸鼎盛。

　　俗話說：人怕出名，豬怕壯。由於吳道子的名氣越來越旺，不久就入了唐玄宗的「法眼」，被召到京都長安過著「伴君如伴虎」的生

活，進入皇宮後，吳道子成了玄宗的御用畫家。吳道子從此後便經常在宮中作畫，有時候也跟隨玄宗到各地賞玩以便畫下優美的風景。

開元十三年的時候，唐玄宗一行人去泰山封禪，並命令吳道子一同前往。在回京的路上路過潞州也就是今天的山西長治，馬車經過金橋時，玄宗看見前後道路曲折迂迴，隨行隊伍精神抖擻，整齊有序，心裡感到非常興奮，於是命令陳閎、吳道子、韋無忝三位畫家共同繪製一幅〈金橋圖〉。陳閎負責的部分是玄宗的真容以及他所騎的「夜照白」馬，韋無忝負責畫動物，比如狗、驢、馬、羊、騾、牛、等，而其它的景物如人物、橋樑、器具、山水、車輛、草樹、鳥類、帷幕等主要部分則由吳道子負責。在〈金橋圖〉繪成面世後，人們無不驚歎稱妙！

在給人物作畫時，吳道子有一個非常獨到的見解，那就是：「畫鬼易，畫人難。」因為給人物作畫時，真實是唯一且重要的標準，而畫鬼神時就可以加入很多的想像自由發揮。

吳道子的高超技藝就是體現在無論是畫鬼神還是畫人物，他都達到了一個很高的水準。吳道子所畫的人物，活靈活現且富有動感，甚至連衣服飄帶迎風舞動的情景都描繪的非常逼真，因此，後人將他的「天衣飛揚，滿壁風動」的風格，戲稱為「吳帶當風」。當他畫人物的時候，能夠把人體各部分的比例表現得十分精確，不管他選擇從手開始畫，還是選擇從腳開始畫，無論怎樣都能賦予畫面很強的表現力，而且畫面非常真實，飽滿的肌肉、細膩的皮膚，由此可見他高超的繪畫技藝和對人體結構的研究已經非常精熟。

唐代道教、佛教都十分盛行，因此宗教藝術也有很長足的發展，所以，吳道子在佛畫藝術方面取得了很高的成就，他一生中最大的成就是壁畫。吳道子窮盡一生去研究繪畫，憑藉巨大的創作熱情，一生所完成的壁畫，只在洛陽和長安兩地寺院和寺觀就存在三百多間，最

有名的作品是〈地獄變相〉。畫中所有的人物形態都獨樹一幟，迴然不同。在文書上記載的，據張彥遠《歷代名畫記》、和段成式的《京洛寺塔記》、朱景玄《唐朝名畫錄》等統計，總數也達百幅以上。在存世的卷軸畫方面，存在於歷代著錄的有〈群驢圖〉、〈金橋圖〉、〈天王送子圖〉等超過一百五十幅。

之所以在歷史上吳道子有「畫聖」的美譽，並且在繪畫藝術上取得如此卓爾不凡的成就，就是由於他勇於創新、追求與眾不同的精神。

《歷代名畫記》記載了吳道子的兩句話：「眾皆密於盼際，我則離披其點畫；眾皆謹於相似，我則脫落其凡俗。」意思就是說當所有畫家都在刻意追求中國傳統的縝密畫法的時候，吳道子卻在嘗試尋找疏體意筆的技巧，當其它畫家都在細心謹慎地描繪事物時，吳道子卻敢於突破傳統的局限，以他充滿神奇力量的筆法開始繪製活靈活現的作品了。因此他的藝術作品成為歷代畫師們必學的楷模，他的作品被世人們稱為「吳家樣」。他的繪畫技巧尤其對唐代以及後世的繪畫史都有著深遠的影響，被後代畫工尊稱為「畫聖」、「師祖」。

天文學家僧一行

　　少年時代的僧一行十分聰敏，而且非常喜歡學習。他博覽經史，對於於天文、曆象、陰陽五行之說尤其熱愛。根據《舊唐書》的記載，僧一行在二十歲的時候。京城的著名道人尹崇將西漢揚雄所著的《太玄經》一書送給了一行，他廢寢忘食地進行研讀，很快就領會了書中的精華，然後他就根據自己的理解，做出了《太衍玄圖》、《義訣》各一卷，旨在對晦澀難懂的《太玄經》進行詳細而通俗的闡述。這讓尹崇對他很是推崇，並且稱他為「此後生顏子也」。從此僧一行的名聲也被人熟知。

　　另外，根據《宋高僧傳》中的記載。僧一行對學習也有一種不怕吃苦的精神，他曾經為了向天台山國清寺的一名隱逸大師學習數術，長途跋涉三千多里，經過一段時間的學習，使他造詣更深，也因此在當時更有聲望。一行依靠自己的不斷學習和研究成了為密教高僧，被當時的人稱為一行阿闍梨，被人尊稱為天師，成為密宗傳持的八祖之一。

　　僧一行品行高潔，剛正不阿。當時，武則天當權，武氏之人權霸天下，沒有人敢公然對抗。武則天的侄子武三思也是無人不曉的紈絝子弟。他羨慕僧一行的研究成果和品行，為了贏得「禮賢下士」的美名就有意拉攏他，但是，僧一行看不慣他的作風，而且也不願意被別人利用，就拒絕了他。但是因為怕遭到迫害，於是就逃到了河南的嵩嶽寺剃度出了家，並且從此取法名為「一行」。

　　一行在天文學方面為中國的科學發展乃至世界的發展作出了重大貢獻，他通過自己的長期觀測終於發現了恒星移動的這一偉大現象，

使人們對日、月、星辰的運動規律有了進一步發現和認識，他將已經沿用長達八百多年的二十八宿距度數據推翻了，並且還成為了歷史上提出月亮比太陽離地球近的科學論點的第一人。

　　唐朝有個率府兵曹參軍名叫梁令瓚，曾經設計了一個黃道遊儀，並且已經用木頭製成了該儀器的模型。後來他在僧一行的支持與幫助下，在開元十一年也就是西元七二三年，用一種新的材料——銅將此儀器鑄造完成了。這臺儀器不僅可以將太陽每天在天空中出現的位置測定出來，而且還可以用來測定月亮和星宿在天空中的位置。

　　就在同一年，僧一行帶領梁令瓚等人將張衡的「水運渾象」理論繼承和發揚光大，他們在原來的基礎上加以設計，最後製造出了「水運渾天儀」。他們將二十八宿雕刻在「水運渾天儀」上，並且每天往其中注水對輪子形成一種衝擊，使其轉動，這樣正好每天轉一周，與天體運動的規律恰好一致。這個古老的「水運渾天儀」既能將日、月、星辰的視運動演示出來，又具有自動報時的功能。它成為了世界上最早的計時器，比外國著名的自鳴鐘的發明早了六百多年。這使張衡的成就又被僧一行等人超越了。

　　從開元十二年起，也就是西元七二四年，唐朝皇帝就派僧一行主持全國範圍內的天文的測量工作。他為了完成自己的任務和實現自己的抱負，在全國共選擇了十二個天文觀測點，並且選派了一些天文愛好者作為自己的助手進行實地觀測，僧一行本人則留在了長安對整個天文觀測的工作進行總體統籌指揮。他們經過努力，終於取得了一系列日、月、星辰運動的第一手資料。對於這次天文觀測來說，派去的在河南進行觀測的南宮說等人得到的資料相比之下是最為科學和富有價值的。他們選擇了經度相同、地勢高低也相似的四個地方作為了自己的觀測地點，分別對當地的北極星高度進行了準確的測量，還分別測量了冬至、夏至和春分、秋分四時日影的長度，以及測量了四地之

間的距離。最後這些資料交到了僧一行的手裡,並且經過他的統一計算,得出了北極高度差一度和南北兩極相距大約為三百五十一里八十步的結論,也就是今天的科學資料一百二十九點二公里。雖然僧一行統籌開展的天文測量工作與現在的一度長一百一十一點二公里的科學測量值相差比較大,但是他也是世界上第一位能夠用科學的方法對子午線進行實地實測的人,為後來的科學發展奠定了基礎。他的做法得到了世界天文觀測的認可,中國科技史專家李約瑟就曾經評價僧一行組織的這次對子午線長度測量為「科學史上劃時代的創舉」。

僧一行不僅在天文學方面有很大的成就,他還主張以實際得到的測量資料為基礎修訂曆法。在他經過了幾年的天文觀測並得到大量的資料以後,就開始了編曆的準備工作,在開元十三年的時候著手進行編制。他用了兩年的時間完成了曆法的草稿,並且為他取名為《大衍曆》。

《大衍曆》的編制是以劉焯的《皇極曆》作為基礎的,並且將《皇極曆》作為參考,在此基礎之上根據他的天文觀測結果又做了進一步的發展。《大衍曆》的編制共分為七篇,分別為步中朔術、步發斂術、步日躔術、步月離術、步軌漏術、步交會術、步五星術。這部曆法將前人歲差的概念進行了發展,創造性地將計算食分的方法提了出來,並且發現了不等間距額二次內插法的公式以及新的二次方程序、求和公式等,並且還將古代的「齊同術」,也就是今天常用的通分法則運用到了曆法的計算當中。

僧一行在他四十五歲的時候,也就是完成《大衍曆》的同年不幸去世。到了開元十七年的時候,《大衍曆》正式被朝廷頒佈實行,並且一直沿用了長達八百多年。後來經過科學的驗證,《大衍曆》比當時已有的其它曆法要精密、準確得多。後來,《大衍曆》作為當時世界上較為先進的曆法,在日本、印度兩個國家也相繼流傳使用了近百

年，對這兩個國家的曆法也產生了極大的影響。

　　僧一行一生在天文和曆法上所取得的卓越成就在人類文明的發展史上佔有重要的地位，而且他提出對天文學實際觀測的科學方法，對世界天文學的發展起到了極大的促進作用。後來這個方法就成為了歷代天文學家進行學術研究時採用的基本方法，引導著大批的天文愛好者和學者們破解了一個又一個的天文奧秘。

東渡傳佛法的鑒真和尚

　　鑒真俗家姓氏為淳于，揚州江陽縣人，也就是今天的江蘇揚州。他晚年的時候曾經受到日本佛僧的禮請，於是，就東渡日本傳播中國的佛教律宗。在去日本的途中，經歷了重重的艱難險阻而且致使自己雙目失明，他最終到達了當時日本的奈良。鑒真東渡日本的這一行為，對傳播佛教與盛唐文化做出了很大的貢獻。

　　鑒真是唐代的一名高僧，同時還是一位醫學家。在他十四歲的時候，來到了當時的大雲寺出家做了僧人，跟隨當時的高僧智滿禪師學習佛教經典，後來他又來到了長安，在弘景法師的身邊接受足戒，在這裡待了長達三年。後來他又回到了揚州，但是這時候的鑒真已經是一個學識淵博，精通佛法的僧人了。又一次，日本的僧人榮睿、普照等人來到唐朝留學，進行佛學的研究，他們真誠地請鑒真能夠到日本去宣傳佛教經典。鑒真欣然地答應了他們的請求。

　　沒過多久，他就求得大唐皇帝的同意，帶著大量的佛經和參佛用的器具以及佛像開始了他東渡日本的生涯。他先後六次東渡，途中克服了種種困難，終於在天寶十二年抵達了日本。到達日本的鑒真已經因為途中的一次意外而導致了雙目失明，但是他沒有忘記自己來日本的目的，仍然堅持努力向日本民眾弘揚佛法，傳播中國文化，並且根據自己多年的豐富經驗，為他們講授博大精深的醫藥知識。他從唐朝帶去的香料藥物等物品，受到了日本民眾的歡迎，據說至今日本的奈良招提寺及東大寺正倉院等地方仍舊保存著那些遺跡。鑒真曾經因為治癒了光明皇太后和聖武天皇的病症，被日本授予了「大僧都」、「大和上」等封號，他也曾經被日本人民譽為「過海大師」。他最著

名的作品有《鑒上人秘方》，可惜沒有被流傳開來。

俗話說名師出高徒，鑒真在他十四歲的時候被當時的高僧智滿大師收為徒弟，之後，為他受戒大師有道岸、恒景等人，這些人都是當時有名的律學大家，而且大多都是南山宗的創始人道宣律師的再傳弟子。所以鑒真的律學研究才會那麼透徹精深，不過他雖然繼承了南山宗的佛律，但他從來都不會僅僅相信其中的一種言論。對於當時唐代流傳的律學，除了優勢很大的南山宗外，還有影響相對較小的相州日光寺法礪的相部宗以及西太原寺懷素的東塔宗等，在當時形成了三足鼎立的局面。所以每次鑒真在接受老師對律學的講解時，他都會在私下裡對其它兩種律學也進行研究，然後集三家的精華作為自己的理解。在這之後，鑒真東渡日本時所攜帶的大量律學典籍，其中不僅有南山宗的律學思想，還包含了其它兩家的思想。他在日本傳授佛學思想以法礪的《四分律疏》和定賓的《飾宗義記》以及道宣的《行事鈔》三部著作為主，其中以法礪、定賓的兩本書最為主要。

在佛教的建築和雕塑等方面，他也頗有研究，並且也有很大的建樹。根據《唐大和上東征傳》中的記載，鑒真後來又去過淮南，在那裡宣傳佛教的經典，教授當地僧人有關佛教的清規戒律，他每到一個地方，就會一邊講授佛教經典，一邊為當地建造佛寺，其中造就了大量的菩薩和佛像。他不僅通曉佛律，而且，在醫藥學方面，他也頗有研究，並且非常精通對藥物的品鑒，據傳他曾經在大雲寺的悲田院做過住持，在那裡他為方圓百里的民眾治病，並且還經常親自為病者煎調藥物，醫道被眾人稱讚。

到了天寶元年，日本的留學僧人榮睿、普照等人受日本佛教界和當地政府的委託，來唐朝學習佛教經典並且邀請鑒真東渡日本宣傳佛教經典佛法，鑒真欣然答應了。從那一年開始一直到天寶七年的時候，七年裡，鑒真先後五次率領眾人東渡日本，但由於當時航海技術

的限制和當時的某些地方官員的阻撓，所以前五次東渡日本都以失敗而告終了；尤其是在第五次東渡的時候，鑒真率領的船隊遭到了狂風巨浪的襲擊，他們在大海上一直漂泊了十四天，幸運的是，最後他們漂到了海南島的振州，也就是今天的崖縣。他們在往回返的途中經過了端州，這時候鑒真聽到了日本弟子榮睿病故的消息，鑒真十分傷心哀慟，再加上當地的氣候炎熱，突然發生了眼疾，導致了鑒真的雙目失明。但是他東渡日本去弘揚佛法的意志堅定，不會為任何事而動搖。所以在天寶十二年的時候，鑒真帶領一些民眾開始了第六次東渡，這一次終於成功了。他們到達了今天的日本九州，第二年的二月份到達了平城京，也就是今天的奈良。

鑒真到達了日本以後，受到了日本朝野上下盛大的歡迎。後來鑒真又分別為日本天皇、皇后以及太子等人進行了菩薩戒的傳授；又為日本的四百四十多位僧人傳授了佛法；後來又將日本八十多個寺院中舊的佛法更改為新的佛戒。也就是從那時候起日本才真正開始有了比較正式的律學。鑒真也因此被日本尊敬地稱為日本佛教的創始人。西元七五六年的時候，他被日本的孝謙天皇任命為大僧都，對日本所有的僧佛事務進行統一管理。西元七五九年，鑒真和他的弟子們苦心經營佛法，共同設計並建造了唐招提寺，此後就一直留在了那裡展開了多佛律的傳授。在建築、塑像和壁畫等方面，他與弟子一同採用了當時唐朝最為先進的建造工藝，為後來日本天平時代形成的藝術高潮更增添了耀眼奪目的光彩。例如，今天日本的唐招提寺建築群，那就是鑒真和他的眾多弟子共同完成的傑作。寺廟的整個結構和裝飾，全部都凸顯了唐代建築的風格和特色，是日本現存的天平時代留下來的最大最美的建築群。鑒真去世之前，他的弟子們還學會了採用幹漆夾等最新的建造工藝，用他們的所學為鑒真製造了一座寫真坐像。現在這座佛像被日本奉為國家的珍寶。西元一九八○年二月，日本為了顯示

與中國的友好關係，增進兩國人民世代友好情誼，曾經將鑒真的坐像送回北京和揚州兩地，以便供中國人民和佛教信徒對鑒真的瞻禮。

鑒真和他的弟子在書法方面都很擅長，去日本時他們帶去了中國古代書法家王羲之和王獻之父子倆的真跡，這對日本的書法影響很大，至今好多日本人民都非常熱愛中國古代的書法藝術。當時日本存在的佛典，大多都是從朝鮮傳入的，傳授方式以口授和手抄為主，在這中間錯誤是在所難免的。根據《續日本紀》中的記載，當時的日本天皇曾經為此還委託鑒真對日本現存佛典中的錯誤進行校正。除此之外，鑒真對日本做出了突出的貢獻，是在日本傳授了醫藥學方面的知識，為此，他被日本人民奉為醫藥學的始祖。不僅如此，日本後來興起的豆腐業、飲食業、釀造業等也都被認為是鑒真傳授的行業技藝。

鑒真的東渡行為，在那航海技術還不成熟的封建社會顯示了他們堅定的信念和超強的意志力，同時為中國古老文明和悠久文化的傳播做出了重大的貢獻，也為日本的發展和文明的創造貢獻了力量。

書法家「柳少師」

　　柳公權才華出眾，在元和初年中了進士，剛開始擔任秘書省校書郎。在李聽鎮守夏州的時候，又任命他為掌書記這個官位。唐穆宗登基以後，柳公權因為有政事上奏就進京了，得到了穆宗召見，穆宗對他說：「其實我很早在佛寺中就已經看到過你的筆跡。所以很久以前就想見見你了。」柳公權得到穆宗的賞識，當天柳公權就升官做了右拾遺，擔任翰林學士的職位，後來又升為司封員外郎、右補闕。由於唐穆宗荒淫無道，而且行為乖張，有一次穆宗詢向柳公權如何用筆才能完美無缺，柳公權回答道：「用筆的方法不是在於外形，全在於是不是用心，心正那麼筆法自然完美無缺。」皇帝聽後面有愧色，因為他知道柳公權這是借用筆來勸誡他要重視政務，嚴於律己。柳公權在穆宗、敬宗、文宗三朝為官時，都是在宮中負責侍書之職。他的哥哥柳公綽當時在太原任職，就寫信給宰相李宗閔說：「我的弟弟雖然說苦心鑽研文章書法，但是先朝只任命他做侍書，這種小職務和占卜小吏的職責沒有什麼區別，我也常以此為恥，希望能給他調換一個比較高檔點的職位。」於是，柳公權又被升任為右司郎中，接著又被封為弘文館學士、司封郎中、兵部郎中。

　　後來文宗即位後，又封他為侍書，升官做諫議大夫。不久以後又改為中書舍人，擔任翰林書詔學士。文宗很看重柳公權，經常在一起探討文學，每次柳公權和文宗在朝堂探討問題，經常是蠟燭已經燒完了，但是談興正濃不忍心打斷，所以不肯浪費時間去取蠟燭，宮中的婢女便拿來蠟油燃紙用來照明。有一次他和文宗去未央宮花園中賞玩，文宗突然停下車子對柳公權說：「今天有一件使我高興的事。過

去賜給邊兵戰服,總是不能及時發下,這次卻在二月裡就已經　把春衣發放完畢了。」柳公權聽見此話就上前表示祝賀,文宗說:「只是一句祝賀,無法把你的心意完全表達清楚,不如你作首詩向我祝賀吧。」宮人也催促他親口念給皇帝聽,柳公權於是念道:「去歲雖無戰,今年未得歸。皇恩何以報,春日得春衣。」文宗聽了非常高興,對柳公權的文采大加讚賞。

有一次文宗和六位學士在便殿閒聊,文宗偶然說起漢文帝為人節儉,便舉著自己的衣袖對他們說:「我穿的這件衣服也已經洗過三次了。」學士們都趕緊讚揚文宗的節儉作風,只有柳公權一人避而不答,文宗單獨留下他,問他當時為何不說話,柳公權正直地回答說:「一個君主應注重大節,大節是應該考慮起用賢良的人才,罷退那些心術不正的佞臣,對忠言勸誡要善意聽取,賞罰分明。至於那些穿洗過的幾件衣服,對您來說只不過是小節,無關緊要。」那個時候周墀也在場,聽了他的一番言論,嚇得膽戰心驚,但柳公權卻義正辭嚴。文宗對他說:「我明白你這個舍人不應該被降為諫議,但誰讓你有諫臣的風度,那麼你就任諫議大夫吧。」第二天立刻就下旨,任命他為諫議大夫併兼任知制誥,但是依然保留著他的學士銜。

柳公權當初學習書法的「啟蒙老師」是王羲之,後來又開始大範圍流覽近世成名書法家的筆跡,逐漸形成了自己嫵媚、遒勁的風格,後自成一家。當時流行柳公權的書法,如果公卿大臣們為先人立碑的話,得不到柳公權為先人所書的碑文,人們通常會認為那是一種不孝的行為。當時不僅中國人崇尚柳公權,就連外國使者來唐朝進貢,都要專門封上貨幣,並且注明這是購買柳公權書法的專用資金。長安西明寺裡的《金剛經碑》就是柳公權親筆書寫的,裡面集結了鍾繇、歐陽詢、王羲之、褚遂良、虞世南、陸東之等人的筆法,是他最得意的作品。文宗在夏天習慣和學士們一起作詩助興,文宗的第一聯是:

「人皆苦炎熱，我愛夏日長。」柳公權接著說道：「薰風自南來，殿閣生微涼。」當時丁、袁等五位學士都連續聯句，可是文宗只愛吟誦柳公權的那兩句詩，評論道：「柳公用詞用句清麗典雅，意思表達得很完整，是不可多得的好詩。」於是命令柳公權把詩題寫在宮殿的牆壁上，每字大小五寸，文宗看了柳公權寫在牆壁上的字以後，讚歎說：「即使鍾繇、王羲之還在世，也比不過你啊！」

在宣宗大中初年的時候，升任他為太子少師，柳公權進宮謝恩，宣宗立即召他上殿，並讓他在殿上書寫三幅字，擔任軍容使的西門季玄親自替他磨墨，樞密使崔巨源替他鋪紙。其中一幅寫的是十個正楷字，「衛夫人傳筆法於王右軍」；另一幅是十一個行書字，「永禪師真草《千字文》得家法」；最後一幅是八個草書字，「謂語助者焉哉乎也」。宣宗非常開心，賞賜給他瓶盤、錦緞、銀器等，並命令他必須親自書寫答謝表，不管是什麼字體都行，而對柳公權的答謝表宣宗異常珍惜。

柳公權一生專心於書法藝術的鑽研，很少分出精力去管理家務，他替那些有功的臣子和貴族家書寫碑文，每年都可以得到非常多的金錢，然而這些錢大部分被他府裡主管財物的奴僕龍安、海鷗等人偷去。他曾經存放著一筐名貴的酒具杯盤等銀器，筐上的封條並沒有開啟，但是裡面的器皿卻無緣無故不見了。他審問奴僕海鷗，海鷗說：「我也沒看那見。」柳公權坦然一笑，說道：「也許銀盃成精長出翅膀自己飛去了。」就沒有再問什麼了。他最看重的只有書畫和筆硯，那些東西他都親自鎖起來。他曾經評價過硯石的好壞，他最喜歡青州的石末硯認為是排第一位的，只是輕輕一磨就會出現墨汁；絳州黑石硯相比就差一些。柳公權咸通六年去世，享年八十八歲，死後賜太子少師。

參考文獻

喬繼堂　中國名臣全傳　北京市　中國社會科學出版社　2006年

解力夫　正說中國歷代開國皇帝　北京市　新華出版社　2009年

丁克實　正說中國歷代末帝　北京市　新華出版社　2008年

方華文　中國文壇名人　合肥市　安徽科學技術出版社　2010年

聞　君　中國歷史探秘　北京市　中國時事出版社　2007年

阿　龍　唐朝那些事兒　北京市　華夏出版社　2011年

納蘭秋　唐朝其實挺有趣兒　北京市　石油工業出版社　2011年

昌明文庫・悅讀人物　A0603014

細說唐朝風雲人物

編　　著	曹金洪
責任編輯	蔡雅如
發 行 人	陳滿銘
總 經 理	梁錦興
總 編 輯	陳滿銘
副總編輯	張晏瑞
編 輯 所	萬卷樓圖書股份有限公司
排　　版	百思威信息技術有限公司
印　　刷	百通科技股份有限公司
封面設計	曾詠霓

出　　版　昌明文化有限公司

桃園市龜山區中原街 32 號

電話　(02)23216565

發　　行　萬卷樓圖書股份有限公司

臺北市羅斯福路二段 41 號 6 樓之 3

電話　(02)23216565

傳真　(02)23218698

電郵　SERVICE@WANJUAN.COM.TW

大陸經銷

廈門外圖臺灣書店有限公司

電郵　JKB188@188.COM

ISBN 978-986-93560-5-3

2016 年 9 月初版

定價：新臺幣 380 元

如何購買本書：

1. 劃撥購書，請透過以下郵政劃撥帳號：

　帳號：15624015

　戶名：萬卷樓圖書股份有限公司

2. 轉帳購書，請透過以下帳戶

　合作金庫銀行　古亭分行

　戶名：萬卷樓圖書股份有限公司

　帳號：0877717092596

3. 網路購書，請透過萬卷樓網站

　網址 WWW.WANJUAN.COM.TW

大量購書，請直接聯繫我們，將有專人為您

服務。客服：(02)23216565　分機 10

如有缺頁、破損或裝訂錯誤，請寄回更換

版權所有・翻印必究

Copyright©2016 by WanJuanLou Books CO., Ltd.

All Right Reserved　　　　**Printed in Taiwan**

國家圖書館出版品預行編目資料

細說唐朝風雲人物 / 曹金洪編著. -- 初版. --

桃園市：昌明文化出版；臺北市：萬卷樓

發行, 2016.09　面；　公分. -- (昌明文庫.悅

讀人物)

ISBN 978-986-93560-5-3(平裝)

1.傳記　2.唐代

782.14　　　　　　　　　105018317

本著作物經廈門墨客知識產權代理有限公司代理，由中國紡織出版社授權萬卷樓圖書
股份有限公司出版、發行中文繁體字版版權。